Maimónides

MANUEL BERMÚDEZ VÁZQUEZ

Maimónides

ℊ
ALMUZARA

Editorial Almuzara • Colección Al Ándalus
Edición de Ana Cabello
Corrección de Nieves Porras

www.editorialalmuzara.com
pedidos@almuzaralibros.com - info@almuzaralibros.com

Editorial Almuzara
Parque Logístico de Córdoba. Ctra. Palma del Río, km 4
C/8, Nave L2, nº 3. 14005 - Córdoba

Imprime: Black Print
ISBN: 978-84-10522-22-0
Depósito legal: CO-1421-2024
Hecho e impreso en España - *Made and printed in Spain*

Este libro se lo dedico a mis hijos Elena y Mario.
Por tantas horas hurtadas.

Índice

Introducción

Moisés ben Maimón, también llamado Rabí Mosé ben Maimón (1138-1204), conocido en el ámbito del judaísmo como Rambam (palabra formada por las iniciales de su nombre), o más conocido por el patronímico helenizado de Maimónides, es, probablemente, el más importante y más conocido filósofo judío. Su importancia no queda relegada al periodo medieval, sino que, todavía hoy, es muy leído y su figura ocupa un lugar de primordial importancia en la historia de la filosofía.

La influencia que el pensamiento de Maimónides ha ejercido sigue teniendo plena vigencia. Su filosofía representa la culminación del pensamiento judío medieval y tuvo una influencia directa tanto en pensadores árabes como judíos, además de influir poderosamente en el escolasticismo cristiano. Autores como santo Tomás, Spinoza, Leibniz y Newton hicieron comentarios sobre su obra. Pero no solo la presencia de la filosofía de Maimónides se puede constatar en estos autores. De hecho, toda la corriente del pensamiento judío desde el siglo XIII ha bebido ineluctablemente de Maimónides. Dicho con otras palabras, este autor es el auténtico eje vertebrador del pensamiento judío que ha atravesado tantos siglos de historia y que sigue perviviendo en el seno del pensamiento filosófico hebreo y universal. Autores como Moisés de Narbona (1300-1362), León Hebreo (1460-

1521), Baruch Spinoza (1632-1677), Martin Buber (1878-1965) o Emmanuel Levinas (1905-1995) no podrían entenderse sin Maimónides.

Maimónides fue muy valorado por eruditos cristianos, judíos y musulmanes. Discípulo intelectual de Aristóteles, dejó la impronta de su propio pensamiento filosófico en la vía principal de la filosofía medieval. Tradicionalmente, la labor intelectual de Maimónides se clasificó en torno a cuatro campos del saber humano: la astronomía, la literatura rabínica, la filosofía y la medicina. Sin embargo, aunque no pueden desdeñarse sus contribuciones a la medicina y la astronomía, las aportaciones principales por las que Maimónides y su pensamiento han pervivido a lo largo de la historia han pertenecido a los dos primeros campos, la filosofía y el rabinismo o literatura rabínica. Ningún otro pensador judío ha recibido mayor atención que Maimónides. Una interpretación intensiva de su obra comenzó ya estando él en vida y ha habido generaciones de pensadores e investigadores dedicados a analizar sus escritos.

Maimónides manifestó en su obra una influencia enorme del aristotelismo neoplatónico que había enraizado en los círculos intelectuales musulmanes. Su filosofía partía del pensamiento del Estagirita y expresó sus vínculos intelectuales con pensadores como al-Farabí, Avempace, Avicena y Averroes. Así mismo, también criticó a Platón, pero, sobre todo, el objetivo principal de su crítica fue el *kalam* (palabra que en árabe significa «discurso»): la tradición científica del islam que perseguía la búsqueda, a través de la dialéctica, de los fundamentos teológicos que podían justificar racionalmente la revelación. Los teólogos musulmanes encargados de llevar a cabo esta tarea eran los llamados *mutakalimum* (en singular *mutakalim*) y también fueron objeto de las críticas de Maimónides.

En general, algunos de los objetivos principales de la filosofía de Maimónides fueron el establecimiento de los límites del conocimiento humano, el cuestionamiento de las bases de algunas partes de la astronomía y la metafísica y el intento de establecer una relación entre fe y razón, cuestión esta última que despertó una enorme controversia en el seno del pensamiento judío y que fue la auténtica piedra de toque de la obra filosófica más importante del autor cordobés, *Guía de perplejos*.

En cuanto a su aproximación a la astronomía, en el caso de Maimónides se puede resumir sucintamente como la expresión del escepticismo sobre las posibilidades del ser humano de conocer lo que ocurre en el mundo celeste. El estudio de la astronomía se consideraba un mandamiento divino. El espíritu realista de Maimónides le llevó a ocuparse en profundidad tan solo de los problemas astronómicos que admitían una solución numérica comprobable. Estudió detenidamente el *Almagesto*, la obra astronómica de Ptolomeo, los axiomas del álgebra, el libro sobre secciones cónicas, geometría y mecánica y su objetivo era aguzar el pensamiento y adiestrar el entendimiento. El esfuerzo intelectual que exigía el estudio de la astronomía en los tiempos de Maimónides le resultaba de particular interés.

La apertura de la *Mishné Torá* de Maimonides, 1296. [Biblioteca
de la Academia Húngara de Ciencias, Budapest]

Maimónides distinguía con precisión de cirujano la astronomía de la astrología. Con sus amplios conocimientos de ambas disciplinas, puso de manifiesto que el origen de la astrología, a la que desdeñaba, estaba en el culto pagano de las estrellas, impropio, por tanto, para un judío. Rechazaba la astrología como astrónomo y también como filósofo. En su opinión, la astronomía, que él consideraba una ciencia precisa, refutaba los dos supuestos básicos que tenía la creencia astrológica, a saber: primero, que hay estrellas de buen augurio y de malo, y segundo, que la posición de una estrella en un punto determinado fuese favorable o beneficiosa y en otro punto fuera desfavorable o perjudicial. Ambas afirmaciones eran, de acuerdo con Maimónides, falsas, porque las esferas eran las mismas en todas las partes del firmamento.

Maimónides tenía una memoria tan perfecta y unas facultades intelectuales tan sobresalientes que desde los veinte años ya había estudiado y dominaba las ciencias. Le bastaba estudiar un libro una vez para que todo su contenido quedara grabado en su mente. Aunque, paradójicamente, Maimónides no parecía concederle especial importancia a la memoria.

Es difícil establecer cuál de sus dos obras principales ha tenido mayor influjo e importancia en la historia de la humanidad. Por un lado, tenemos la *Mishné Torá (Segunda Ley* o también *Repetición de la Ley)*, una gran codificación de las leyes que rigen la vida judía que comenzó a escribir en 1170 y terminó una década después, en 1180. Este compendio, escrito en catorce volúmenes, le permitió establecerse como un rabino de extraordinaria autoridad y un referente fundamental de los asuntos teológicos del judaísmo y sigue siendo una obra necesaria para el pensamiento judío en pleno siglo XXI. Para la redacción de esta obra, Maimónides se había marcado un objetivo realmente ambicioso y reformador, como él mismo escribió: «Que nadie necesite ninguna otra ayuda para llegar a conocer la ley judía, pues esta obra será una colección completa de todas las instituciones, costumbres y normas desde Moisés a la terminación del Talmud» (prefacio a la *Mishné Torá*). El objetivo era, pues, el dictamen, no la discusión, de ahí que Maimónides se consagrara, en los diez años de redacción del libro, a una tarea ciclópea de síntesis. Dejó a un lado los debates minuciosos, las controversias y las nimiedades. La *Mishné Torá*, redactada en Egipto, se propagó por todas las partes del mundo gracias a la diáspora judía. Pronto fue aceptada en las academias y los tribunales de justicia, se convirtió en el manual básico para los estudiantes, libro de referencia para jueces y judíos con cierto prurito intelectual. Muchas comunidades judías hicieron de él su libro de leyes. De la mano de la obra también se propagó por todo el mundo el nombre de Maimónides. Lo más curioso es que el éxito abrumador que alcanzó la obra no pareció sorprender al autor.

Pero, por otro lado, tenemos su obra filosófica capital, *Guía de perplejos* o también conocida como *Guía de descarriados*, completada en 1191. Este libro fue un tratado inmortal del pensamiento hebreo y su práctica y que trataba, entre otras cosas, de superar el conflicto secular de la relación entre la fe y la razón. Para ello, Maimónides hizo uso de un instrumento hermenéutico de inusitada eficacia: la alegoría. La alegoría es una metáfora continuada que pretende hacer comprensible, mediante una interpretación no literal, los contenidos fundamentales de la revelación. Esta fue, quizá, una de las grandes aportaciones de Maimónides, pues el uso de la alegoría se mostró como método adecuado para la interpretación de las Escrituras. *Guía de perplejos* fue escrita en árabe y la dirigió a su discípulo dilecto Ibn Aknin, pues quizá algunas de las dudas de este estudiante respecto a la vida espiritual y la religión pudieron estar en la génesis de la obra. Aparentemente, la obra tiene la forma de una carta escrita a un estudiante que no sabe si debe seguir las enseñanzas de la filosofía o las de su religión, pero en realidad oculta una serie de propósitos de mucho mayor alcance y profundidad: un tratado sistemático sobre la creación, la profecía, la providencia y la jurisprudencia, así como un comentario escrito en estilo bíblico que parecería atribuir cualidades corpóreas a Dios y una defensa a ultranza de la teología negativa.

Guía de perplejos fue, desde su aparición, una obra controvertida, incluso en algunos círculos rabínicos fue prohibida. La cuestión principal que condujo a este extremo pudo estar en el empleo de su principal herramienta, la alegoría. Al rechazar la interpretación literal de las Escrituras, rechazo que venía de la mano con la interpretación alegórica propuesta por el autor, surgía una cuestión clave: si la lectura de Maimónides de la Torá correspondía a lo que los profetas habían entendido o realmente representaba una reconstrucción filosófica más vinculada a Aristóteles y al-Farabí que a la tradición de Moisés. La tradición filosófica griega no había calado en el pensamiento judío tradicional, quizá por estar estrechamente asociada a la tradición cultural del enemigo romano, pero en el contexto filosófico-político musulmán, las nuevas traducciones de Platón, Aristóteles y otros autores posteriores se filtraron y calaron hondo en el pensamiento judío. Sin embargo, no era tan fácil para un rabino formado en las enseñanzas tradicionales aceptar acríticamente los postulados filosóficos propuestos por Maimónides, de ahí las dificultades por las que atravesó *Guía de perplejos* para ser aceptada por los pensadores hebreos. Otra cuestión importante que también suscitó una grave controversia fue el asunto de si el sentido real de la Torá era demasiado complejo para enseñarlo a cualquier lego sin formación o si debería restringirse su estudio a unos pocos individuos educados. A fin de cuentas, se trataba de la cuestión del esoterismo. Esta cuestión del esoterismo hacía hincapié en el sentido de que el significado real de las Escrituras es, a menudo, diferente del significado aparente o superficial. La explicación habitual que se ofrecía ante esta situación era que la gente que leía esos textos tenía diferentes niveles de comprensión.

En cuanto a la cuestión de la medicina, Maimónides no fue nunca un médico puro, si entendemos por este concepto al especialista únicamente interesado en su ciencia. En el periodo que le tocó vivir no era frecuente la figura del médico puro. Para Maimónides no había rivalidad entre la medicina, la teología y la jurisprudencia, y estas tres disciplinas no serían óbice para el ejercicio de la filosofía, pues esta estaría en la base de ellas. Maimónides escribió nueve tratados breves de medicina, todos ellos sobre problemas patológicos y terapéuticos puntuales. Aunque su máxima preocupación fue, en realidad, higiénica. Fue un hombre muy interesado en el régimen de vida de las personas. Para Maimónides, la virtud y la sabiduría eran cualidades íntimamente vinculadas a la salud. Su gran dificultad, como médico, no fue tanto la enfermedad como la salud, y no en sí misma, sino como condición indispensable de la perfección humana, es decir, de la sabiduría.

CAPÍTULO 1.

Maimónides en al-Ándalus

«Un hombre puede envidiar a todo el mundo,
excepto a sus hijos y a sus alumnos».
Talmud.

Maimónides nació en el año 1138 en la ciudad de Córdoba. Aunque hasta hace poco se creía que Maimónides había nacido el sábado 14 de nisán del año 4895 de la era judía, o sea, el 30 de marzo del año 1135, recientes investigaciones basadas en documentos descubiertos en la Genizá de El Cairo señalan que nació en realidad unos años más tarde, en concreto el 28 de marzo de 1138. Provenía de una distinguida familia de juristas y sabios judíos. Por línea paterna descendía de un linaje de jueces rabínicos y así lo proclamó él mismo, citando su genealogía en el colofón de su *Comentario sobre la Mishná,* donde cita a siete generaciones de sabios que le precedieron en su familia y que mostraba que todos sus antepasados fueron jueces, maestros y líderes de su comunidad. Dice así el mismo Maimónides: «Yo, Moisés, hijo de Maimón, el juez; hijo de Rabí José, el sabio; hijo de Rabí Isaac, el juez; hijo de Rabí Abdías, el juez; hijo de Rabí Salomón, el maestro; hijo de Rabí Abdías, el juez; bendita sea la memoria de los santos».

Escultura de Maimonides en Córdoba. [WH_Pics]

Desde su nacimiento en la próspera Córdoba, esta ciudad que había sido la espléndida capital de un vasto califato que abarcaba toda al-Ándalus (las tierras de la península ibérica bajo el dominio musulmán), estaba destinado a destacar: sus orígenes, su inteligencia y su bondad quedaron de manifiesto desde su más tierna infancia. Córdoba, bajo el impulso del califa Abderramán III, fundador del califato en el año 929, se había convertido en un destacado centro comercial y económico, y era la principal ciudad de la Europa de la Alta Edad Media. Contaba con una población que rondaba el millón de habitantes, una cifra que era inigualable en cualquier otra urbe de la Europa occidental medieval. De hecho, podríamos afirmar sin temor a resultar aventurados que Córdoba era una de las ciudades más grandes y desarrolladas del mundo entero entre los siglos X y XI.

La prosperidad de Córdoba no se limitaba solo a lo económico, sino que también se reflejaba en su vibrante ambiente cultural que la convirtió en un foco del saber. Tanto el califa Abderramán III como su hijo y heredero Alhakén II fueron amantes de las ciencias y las artes, además de ser tolerantes en cuestiones religiosas, lo que atrajo a la ciudad a eruditos e intelectuales que se dedicaron a leer, traducir y comentar las obras más importantes de los filósofos de la Antigüedad grecorromana, como Platón, Aristóteles y Plotino. Durante los reinados de Abderramán III y Alhakén II, la biblioteca de Córdoba se convirtió en un tesoro intelectual con cientos de miles de libros que abarcaban una amplia gama de campos del conocimiento y que convirtieron a la ciudad en un faro de irradiación de cultura y saber que servía de modelo a otras ciudades que tuvieran ese prurito intelectual, literario o cultural.

Sin embargo, la Córdoba de los tiempos de Maimónides era otra muy distinta al periodo Omeya, como también era completamente diferente la situación política de al-Ándalus. El califato Omeya se había hundido a causa de las guerras civiles y dinásticas y acabó disolviéndose tras el derrocamiento y huida en 1031 de su último soberano, Hisham III (975-1036). Así, vemos que un siglo antes del nacimiento de nuestro autor, Córdoba había entrado en una vorágine de decadencia y destrucción de la que no se recuperó nunca. Para cuando Maimónides apareció en esta ciudad, Córdoba se había convertido en un pálido reflejo de lo que había sido tan solo ciento cincuenta años antes.

Tras la desaparición del poder de Córdoba y ante el *horror vacui* que la esfera política siente siempre, pues nunca en la historia ha habido un vacío de poder prolongado en prácticamente ninguna sociedad histórica, surgieron una serie de reinos llamados «taifas», un término árabe que denota facciones o bandos. Estos reinos, aunque variaban considerablemente en tamaño y territorio, se encontraban en una posición delicada frente a la creciente presión militar de los reinos cristianos en el norte de la península ibérica, que estaban cada vez mejor organizados y listos para el conflicto. La atomización del poder político en al-Ándalus provocó una mayor vulnerabilidad del territorio bajo dominio musulmán.

La debilidad de los reinos de taifas llevó a una llamada de auxilio desesperada hacia los almorávides, una tribu de bereberes nómadas procedentes del Sáhara que habían forjado un imperio en el norte de África. En el año 1086, los almorávides llegaron a al-Ándalus, donde establecieron un nuevo foco de poder y promovieron una interpretación rigurosa del islam. Esta perspectiva religiosa más estricta generó ciertas dificultades para la práctica de las religiones cristiana y judía en el territorio andalusí, marcando un período de cambio y desafío para la diversidad religiosa en la región en marcado contraste con la tolerancia del periodo Omeya.

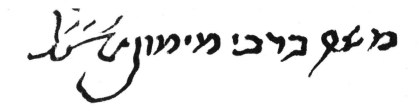

Firma de Maimónides en un manuscrito que
se originó en Egipto en el siglo XII.

DE LOS DIFERENTES NOMBRES DE MAIMÓNIDES

En el contexto en el que nació Maimónides, un judío en una sociedad árabe islámica, el nombre de una persona era una descripción de su linaje, situación y procedencia. Las fuentes árabes contemporáneas a Maimónides que conservamos proporcionan la versión más completa y desarrollada del nombre de Maimónides que era así:

al-Rais Abu'Imran Musa ibn Maymum ibn 'Abdallah al-Qurtubi al-Ándalusi al-Israili.

Este era el nombre completo de Maimónides. Pasemos a desgranarlo.

Primero tenemos el título de al-Rais, que significa «jefe». Luego su apodo honorífico, Abu-Imran, en este caso Abu significa «padre de» y suele ir seguido del nombre del hijo mayor. En el caso de Maimónides no es que su hijo se llamara Imran, sino que como su nombre judío era bíblico, Moisés, se mantenía la genealogía bíblica correspondiente. Continuaba con Musa, su nombre personal (Moisés en español o Mosheh en hebreo). Luego viene su patronímico, Ibn Maymum, seguido del nombre ancestral de su familia, que es el nombre del progenitor primero, en este caso el arabizado Abdallah. Continúan los nombres que explican su origen geográfico, al-Qurtubi, que significa «de Córdoba» y al-Ándalusi, que significa «de al-Ándalus». Finalmente, el nombre que lo define como judío, al-Israili.

El nombre de Moisés que le puso su padre se había extendido mucho entre las comunidades judías durante los siglos X, XI y XII porque aparecía docenas de veces en el Corán y ello lo convertía en un nombre perfectamente bilingüe que permitía ocultar ligeramente el origen hebreo en caso necesario. El nombre de Moisés le permitía a Maimónides y a cualquier otro judío ocultarse con mayor facilidad detrás de la *taqiyya*, el llamado «disimulo prudente» que consistía, fundamentalmente, en asumir un aspecto musulmán, aunque por dentro uno se mantuviera fiel a su fe judía.

LOS JUDÍOS EN AL-ÁNDALUS

La comunidad judía en España, establecida, según parece, desde tiempos romanos, enfrentó restricciones religiosas severas después de la conversión al catolicismo de la monarquía visigoda bajo el reinado de Recaredo en 589. Monarcas visigodos posteriores tomaron medidas draconianas contra ellos, forzando incluso la apostasía y la esclavitud y creando una atmósfera, en ocasiones, irrespirable para ser judío.

Como resultado, muchos judíos hispanos se vieron obligados a emigrar y exiliarse hacia el norte de África, donde entraron en contacto con el islam y encontraron refugio en la tolerancia de esta religión. Tras la invasión musulmana de 711 (aunque sea controvertido hablar de invasión), algunos descendientes de estos exiliados regresaron a España y ocuparon puestos de liderazgo en ciudades andalusíes. Aunque tenían el estatus de *dhimmis* (protegidos) y disfrutaban de ciertos derechos civiles, como la libertad de religión y tribunales propios, su posición social seguía siendo inferior a la de los musulmanes, y debían pagar un impuesto elevado, como también les ocurría a los cristianos que deseaban vivir en territorio bajo control musulmán.

Muchos de los judíos que vivían en Córdoba cuando se produjo el nacimiento de Maimónides habían emigrado a esta ciudad en época romana tras la destrucción del Segundo Templo de Jerusalén en el año 70 d. C. Parece ser que, cuando a principios del siglo VIII los musulmanes ocuparon Córdoba, dejaron a los judíos como guarnición y defensa de la ciudad como recompensa por el apoyo que habían prestado en la pugna contra los visigodos. A partir de esa situación ligeramente descollante, pudieron acceder a importantes cargos en la nueva administración.

Maimónides, cuyo padre, Maimón ben Joseph, era rabino y juez en la comunidad judía de Córdoba, estaba destinado a seguir sus pasos. Desde una edad temprana, fue iniciado en los textos sagrados judíos, demostrando un asombroso talento para el aprendizaje y, como no nos cansaremos de repetir en este libro, una inteligencia fabulosa.

El ambiente más o menos tolerante que Maimónides experimentó durante su infancia bajo el dominio almorávide se vio bruscamente interrumpido en 1145 con la llegada de los almohades a al-Ándalus. Estos nuevos invasores, originarios de la cordillera del Atlas, al igual que los almorávides que habían llegado en el año 1086, apenas 60 años antes, habían avanzado gradualmente en el territorio desde la revuelta liderada en 1125 por Abu Abd Allah Muhammad ibn Tumart, un visionario caudillo, auténtico personaje mesiánico, que regresó a su tierra bereber tras décadas de estudios del Corán en Oriente. Los seguidores de Ibn Tumart se denominaron «almohades» o «unitarios» debido a su firme defensa del monoteísmo.

Los almohades compartían una interpretación férreamente estricta de la doctrina islámica, similar a la de los almorávides del pasado, y tenían un ferviente deseo de expandirla. Tras la muerte de Ibn Tumart, el liderazgo recayó en Abd al-Mumin, quien se proclamó califa y lideró exitosamente la captura de Marrakech, la capital del imperio almorávide, en 1147. En ese momento, los almohades ya habían estado en la península ibérica durante dos años, lo cual nos permite entender el poderío militar y político de este grupo que luchaba en dos frentes sin inmutarse, el frente magrebí y el frente de al-Ándalus.

La presencia de los almohades en la península ibérica se dio en un contexto en el que los reinos cristianos del norte amenazaban nuevamente las fronteras andalusíes. Además, gran parte de la sociedad musulmana atribuía los reveses militares a la relajación de las costumbres que había afectado a los antes piadosos almorávides debido al poder y la riqueza. Sin embargo, no debemos olvidar que, aunque los reinos cristianos del norte podrían percibirse como una amenaza seria, no faltaron ocasiones en las que los castellanos acudieron en ayuda de las poblaciones locales ante las amenazas de los almorávides primero y de los almohades después.

Los almohades ejercieron su autoridad en al-Ándalus durante varios años, enfrentándose a numerosas revueltas locales que buscaban restaurar los antiguos reinos independientes de taifas. En 1148, ocuparon Córdoba, y sorprendentemente, la población se rindió voluntariamente a ellos por temor a caer bajo el control de las tropas del rey Alfonso VII de Castilla, que ese año estaba, precisamente, asediando la ciudad que estaba bajo dominio almorávide (enemigos estos a su vez de los almohades). En 1148, Maimónides tenía, a la sazón, diez años.

LA JUDERÍA DE LUCENA

Según parece, Lucena fue desde época romana el centro de una importante judería. Ciudad de asentamiento de un fuerte contingente judío desde, al menos, la destrucción del templo de Jerusalén en el año 70 de nuestra era, la particularidad de Lucena fue que se convirtió en una ciudad exclusiva de judíos. Intramuros solo vivían judíos, mientras que extramuros se asentaban los habitantes musulmanes. Durante el tiempo que le tocó vivir a Maimónides, Lucena se había convertido en el principal centro de estudios rabínicos de todo Occidente. Los judíos de Lucena mantenían relaciones comerciales con Granada, Sevilla, Toledo e incluso Egipto. La prosperidad e independencia de Lucena atrajo a numerosos judíos de medio mundo, por eso se convirtió en lugar común en las narraciones de los avatares familiares de muchas personas, pues fue lugar de acogida y de paso para muchas familias judías. Tenían una próspera economía basada en la agricultura, la artesanía, la ganadería y el comercio. Cirujanos judíos de Lucena se dedicaban al rentable negocio de las cirugías para obtener eunucos, ya que los médicos musulmanes tenían estrictamente prohibido mutilar el cuerpo humano. La cercanía entre Lucena y Córdoba, apenas setenta kilómetros, produjo que hubiera unas intensas relaciones entre ambas juderías y los rabinos y sabios de ambas comunidades solían mantener unas relaciones estrechas.

Parece ser que, según cuentan fuentes judías, Moses ben Enoch († 965), que fue un importante erudito rabínico, fue hecho prisionero por unos piratas en el Mediterráneo y conducido a Córdoba, donde fue rescatado por la comunidad judía, que pagó su rescate. Una vez en Córdoba, fue designado rabino y jefe de la academia. Como muchos estudiantes se desplazaban entonces hasta Córdoba y Lucena, así fue como las sinagogas de ambas ciudades se fueron independizando de la autoridad ejercida desde Babilonia. Los judíos andalusíes comenzaron a enviar sus consultas legales a los sabios de Lucena y Córdoba, que se convirtieron en referentes en todo el Mediterráneo occidental.

La academia de Lucena fue clausurada en el año 1148, de modo que Maimónides fue demasiado joven para haber asistido (recordemos que había nacido en 1138). Sin embargo, el enfoque de aprendizaje que había diseñado su padre para él se hizo siguiendo los métodos y enseñanzas de la gran academia de Lucena. Maimón ben Joseph, padre de Maimónides, había sido discípulo del rabino y jefe de la academia de Lucena: Joseph ibn Migash. Las clases particulares que les dio a sus hijos durante su infancia se basaban en las enseñanzas que había recibido de su maestro. Parece ser que Maimónides superó a su padre a una edad muy temprana.

MAIMÓNIDES NIÑO

Los judíos solían enseñar la Torá a sus hijos apenas comenzaban a hablar. Se les hacía repetir mecánicamente versículos bíblicos y entre los cinco y los siete años se le encargaba la enseñanza a un maestro. Es poco probable que Maimónides acudiera a una escuela pública, aunque carecemos de datos concretos. La jornada escolar de los niños era larguísima, asistían a clase todo el día, tenían que repasar las lecciones aprendidas con los padres y solo descansaban durante el Sabbat. Los musulmanes también daban gran importancia a la educación y a partir de los siete años comenzaban a memorizar el Corán. Al fin y al cabo, el gran libro sagrado constituía el fundamento básico de la educación para los musulmanes. Así, podemos entender que la educación tradicional, tanto para el judaísmo como el islam, desalentaba la irresponsabilidad infantil y desde una edad muy temprana se trataba de inculcar ese rasgo de carácter que era muy valorado en la época, esa «serena circunspección» a la que se refiere el concepto de *waqar.* Se desalentaba la conducta infantil, el juego e incluso el compañerismo. Los niños, bajo este modelo, eran tratados como pequeños adultos. Nos referimos a aquellos niños que se mostraban más precoces y mejor dotados, pues estos eran separados por sus padres y dejaban que el resto de niños siguiera jugando.

Con el régimen almohade en el poder, cualquier expresión cultural que pareciera sospechosa para la ortodoxia islámica o que estuviera relacionada con creencias no musulmanas fue duramente perseguida en todo al-Ándalus. De hecho, los almohades prohibieron en su territorio cualquier manifestación religiosa ajena al islam. Sinagogas e iglesias fueron destruidas, y sus seguidores se vieron obligados a convertirse al islam, enfrentar la muerte por sus creencias o huir hacia territorios más tolerantes y seguros. La familia de Maimónides, que se resistió a la conversión, optó por abandonar Córdoba en busca de refugio. Su familia estaba compuesta por su padre, su hermano menor David, al que se sentirá muy unido, y tres hermanas de las que apenas sabemos nada. Parece ser que, inicialmente, buscaron seguridad en Sevilla y Almería, pero cuando esta última ciudad cayó ante los almohades en 1157, tuvieron que huir una vez más. En realidad, carecemos de documentos que atestigüen por dónde anduvo la familia de Maimónides desde 1148 hasta 1160. Por conjeturas se ha deducido su estancia sevillana, donde nuestro autor debió conocer a varios astrónomos musulmanes. Tal vez siguieron la ruta del exilio que hicieron otras familias judías hacia el norte cristiano en la península ibérica. En su obra filosófica principal, *Guía de perplejos,* Maimónides da la impresión de estar familiarizado con el que llama «país de los francos», pero lo hace en un contexto donde se está refiriendo al tópico de la suciedad de los cristianos del norte, lo cual nos lleva a dudar de si realmente estuvo en Francia o simplemente estaba haciendo mención del estereotipo mencionado.

Esta emigración forzada, este exilio al que se vio sometido Maimónides, alteró evidentemente su vida y contribuyó a forjar su carácter y su inteligencia en la manera genial que, en último término, le llevará a convertirse en uno de los pensadores más importantes y originales de toda la Edad Media. Sin embargo, no por ello debió de conllevar un menor sufrimiento para él y toda su familia.

En 1160 cruzaron el estrecho y se establecieron en Marruecos, específicamente en la ciudad de Fez, donde el líder de la familia, Rabí Maimón ben Yosef, decidió asentarse. La razón detrás de esta elección, a pesar de que Fez era la capital de los almohades que habían provocado su exilio de Córdoba, sigue siendo un misterio sin resolver que ha provocado no pocos quebraderos de cabeza a los eruditos e investigadores que se ocupan de la figura del sabio judío. Sin embargo, algunas de las razones posibles que podemos arriesgarnos a apuntar podrían incluir la estabilidad política en la ciudad y su territorio, la presencia de una próspera comunidad judía, indicio de que el celo religioso podría ser menos estricto allí que en otros lugares bajo dominio almohade, además de que Fez era un importante centro comercial y cultural. En cualquier caso, en 1160 Maimónides y su familia ya estaban establecidos en Fez, como lo confirma la *Epístola de consolación* escrita por el líder de la familia en ese año.

En ese momento, en 1160, Maimónides, de veintidós años, ya era un erudito en la Torá, el Talmud y diversas disciplinas científicas. Su relación con estudiosos árabes tanto en Córdoba como en Almería había sido especialmente fructífera, lo que le permitió ampliar su perspectiva y conocimiento.

MUSULMANES, CRISTIANOS Y JUDÍOS

Durante el tiempo que le tocó vivir a Maimónides, el pueblo judío se enfrentaba a una auténtica ordalía que ponía en peligro su misma existencia. Presionados por cristianos y musulmanes, muchos judíos terminaron por convertirse a otra religión. En el ámbito geográfico de nuestro interés, que es fundamentalmente al-Ándalus y el norte de África, estas conversiones fueron al islam. En este periodo, resultaba muy difícil para un judío seguir creyendo que eran el pueblo elegido por Dios.

En este contexto, a la hora de estudiar a los pensadores medievales, generalmente se otorga una especial importancia a la herencia cultural y religiosa de cada filósofo. En cierto modo, lo más frecuente es encontrar a los diversos autores distribuidos en una especie de compartimentos estancos establecidos en función de sus diferentes afiliaciones religiosas, como cristianos, judíos y musulmanes. Con estos rubros se procede a destacar las particularidades distintivas de cada una de estas tradiciones culturales en contraposición a las demás. Al actuar de este modo, se está considerando que estos factores contextuales son esenciales para comprender la situación en la que se enmarca la obra de cada autor. Sin embargo, enfatizar en exceso estas divisiones puede llevar a una percepción errónea de una completa independencia entre las escuelas y las tradiciones filosóficas, cuando más que nada lo que intentamos es señalar lo opuesto: la absoluta interdependencia de sus filosofías, sus posicionamientos y sus reflexiones. Unos bebían de otros de una forma prácticamente indistinguible. El uso de idiomas como el griego, el latín, el hebreo o el árabe por parte de los autores, así como su afiliación religiosa a las corrientes islámica, cristiana, judía o ninguna en particular, o su lugar de nacimiento en el al-Ándalus musulmán o en la Antioquía bizantina, sin duda les confieren características distintivas. Sin embargo, es igualmente fundamental resaltar los lazos que conectan y ubican a todos ellos en una misma tradición filosófica, que en este contexto podría considerarse como la continuación medieval de la filosofía griega. Además, si hubo algo que unió a los filósofos medievales de diferentes credos (como Anselmo de Canterbury y Tomás de Aquino entre los cristianos, Avicena y Averroes entre los comentaristas islámicos de Aristóteles, y pensadores judíos como Avicebrón o Maimónides) fue su voluntad explícita de relacionar las respectivas tradiciones religiosas y culturales con la filosofía griega, en especial con las enseñanzas de Platón y Aristóteles. A pesar de sus diferentes puntos de partida, es sorprendente encontrar notables similitudes entre estas escuelas y doctrinas en apariencia divergentes.

En la ciudad de Fez, Maimónides descubrió un entorno propicio y diverso en términos de influencias culturales que enriquecieron su formación, no solo en aspectos religiosos, sino también en filosofía y ciencia, campos que despertaron su interés desde una edad temprana. Así, se sumergió en la tradición literaria iniciada por eruditos hebreos de la época del califato, como el médico Hasday ibn Shaprut (915-975), quien gozó de una posición de privilegio en la corte del califa Abderramán III y el poeta y estudioso rabínico Samuel ben Yosef ibn Nagrela (993-1055), cuya figura es significativa porque personifica la convivencia de las culturas judía, árabe y cristiana. Hasday ibn Shaprut fue el que ayudó al sabio talmúdico Moses ben Enoch cuando llegó a Córdoba cautivo por los piratas que lo habían capturado en el Mediterráneo.

Gracias a su padre, que siempre tuvo un papel primordial en el desarrollo intelectual de su hijo, Maimónides tuvo acceso a los escritos y enseñanzas de estos eruditos, a quienes admiró profundamente y consideró modelos a seguir en su propio proceso de aprendizaje. A través de ellos, Maimónides se sintió atraído hacia una identidad cultural cosmopolita, en la que la ley judía coexistía con la filosofía griega, la medicina, las matemáticas, la geometría y la astronomía. Este cosmopolitismo tenía sentido en pleno siglo XI gracias a una serie de características que se dieron oportunamente en al-Ándalus y que la familia de Maimónides siempre llevó consigo, como pudieron ser la convivencia religiosa, el intercambio cultural, la traducción de textos antiguos griegos a diversas lenguas y la propia coexistencia de varios idiomas, lo que facilitaba la comunicación entre comunidades diversas y, en cierto modo, ya de por sí promovía un ambiente cosmopolita.

Maimónides no solo estudió intensamente a Hasday ibn Shaprut y Samuel ben Yosef ibn Naghrila, sino que también conoció la obra de importantes poetas judíos como Menahem ben Saruq (nacido en 910) y Dunash ben Labrat (circa 920-990). Y tampoco quedaron atrás en su formación personalidades como el místico Bahya ibn Paquda (segunda mitad del siglo XI) y los filósofos Salomón ibn Gabirol (circa 1021 - circa 1058), Abraham ben Meir ibn Ezra (conocido como Avenara en las crónicas cristianas, 1092-1167) y Yehudah Halevi (h. 1070-1141). Todos estos autores procedían de la cultura judía, pero Maimónides no solo se sintió atraído por las obras de estos intelectuales judíos, sino también por las de prominentes contemporáneos musulmanes como Mussarra (883-931), Avicena (circa 980-1037), Ibn Hazm (994-1064), Avempace (circa 1080-1139), Ibn Tufayl (circa 1110-1185) e Ibn 'Arabi (1165-1240). Además, no se puede pasar por alto la influencia del insigne Averroes (1126-1198), nacido en Córdoba como Maimónides, que se destacó como jurista, astrónomo, médico y filósofo, y desempeñó un papel fundamental en la consolidación del pensamiento aristotélico en la filosofía medieval, tanto islámica como cristiana y que también tuvo que huir de su ciudad a causa del extremismo almohade.

La convivencia de las culturas islámica y hebrea generó preocupaciones intelectuales compartidas, arraigadas en las creencias monoteístas y las similitudes en lecturas y referencias. Ambas tradiciones se basaron en el neoplatonismo, una corriente filosófica nacida en el siglo III d. C. que se inspiraba en las enseñanzas de Platón, pero incorporaba elementos de otras doctrinas helenísticas como el pitagorismo y el aristotelismo, además de influencias del monoteísmo cristiano y movimientos religiosos místicos orientales. Este neoplatonismo fue introducido en al-Ándalus por eruditos judíos y musulmanes de origen oriental. En el contexto de al-Ándalus, el neoplatonismo influyó significativamente en la filosofía, la religión y la cultura. Los sabios judíos y musulmanes que vivieron en la región compartieron preocupaciones intelectuales y abrazaron las ideas del neoplatonismo, lo que contribuyó a la formación de un ambiente intelectual cosmopolita y la confluencia de diversas tradiciones filosóficas y religiosas.

Averroes. [Wellcome Collection]

FE Y CREENCIA EN EL MUNDO JUDÍO

A lo largo de los siglos, el judaísmo ha sido una creencia arraigada en una casta de sacerdotes encargados de llevar a cabo una interpretación literal de las enseñanzas reveladas en las Escrituras. Esta práctica se sustentaba en la dualidad de los términos «fe» que se encuentran en la tradición hebrea: por un lado, *emuná*, que significa «creer en»; y por otro, *bitajón*, que conlleva «confiar en». La Biblia hebrea asume la existencia de Dios, utilizando el término *emuná* para referirse a la creencia en el cumplimiento de las promesas divinas. Durante la Edad Media, se empleó para afirmar las creencias fundamentales del judaísmo, como la existencia, unicidad, espiritualidad y eternidad de Dios, la revelación divina a través de los profetas, la venida del Mesías y la resurrección de los muertos, tal como lo hizo Maimónides.

No obstante, la religión judía no se basa únicamente en la fe como una cuestión de creencias, sino que también implica una relación personal con Dios, construida sobre la confianza y la obediencia. Aquí es donde entra en juego el segundo sentido, *bitajón*. Estos conceptos influyeron profundamente en los trabajos de los comentaristas de la Torá, quienes, guiados por su fe en «creer en» y «confiar en», interpretaron las Escrituras de manera literal.

Sin embargo, este enfoque comenzó a cambiar con la influencia de un filósofo judío helenizado, Filón de Alejandría, quien exploró la filosofía griega en busca de herramientas conceptuales adecuadas para interpretar la Biblia hebrea o Tanaj. La innovación más destacada de Filón radicó en su interpretación del judaísmo en términos del neoplatonismo. El neoplatonismo, caracterizado por su diversidad conceptual, consideraba al bien platónico como idéntico a Dios, y las demás ideas como arquetipos de las cosas materiales presentes en la mente divina.

A pesar de que la divinidad no podía ser comprendida en su totalidad por los seres humanos, la mente podía acercarse a ella ascendiendo desde los objetos hasta las ideasarquetipos. La obra de Filón no tuvo un gran impacto en su tiempo, siendo más reconocida por los primeros cristianos que por sus compañeros judíos. Sin embargo, los comentarios de Filón sobre la Torá establecieron una conexión entre la fe en la Escritura propia del judaísmo y la vía intelectual de la filosofía helenística. Esta tradición de pensamiento rechazaba la interpretación literal de un texto, sin importar cuán sagrado fuese, ya que la razón, una herramienta filosófica, tiende a elevarse por encima de la letra. En lugar de la aproximación literal, se promovía una interpretación exegética, que implicaba un análisis crítico y exhaustivo para «extraer el significado» del texto.

Varios pensadores siguieron el ejemplo de Filón en los siglos posteriores. Casi mil años después, el rabino Saadías ben Yosef al-Fayumi destacó como exégeta de la Biblia y defensor de la utilidad de la filosofía griega. Para él, la filosofía griega proporcionaba una herramienta valiosa para comprender mejor el mundo, sin entrar en conflicto con el mensaje divino. Este enfoque de investigación, basado tanto en la razón como en los textos revelados, reflejaba la voluntad divina. Así, el hombre tenía la responsabilidad de investigar utilizando ambos enfoques, sin que hubiera contradicción entre ellos. Una cosa similar trató de llevar a cabo el padre de Maimónides, Maimón ben Joseph. Este escribió varios comentarios sobre la Biblia y el Talmud en los que combinaba el sistema tradicional y ciertos conocimientos científicos.

Otro amante de la filosofía griega, Salomón ibn Gabirol, de familia cordobesa también, como Maimónides, y conocido como Avicebrón en el mundo cristiano, bebió principalmente de la filosofía neoplatónica en un momento en el que la lectura aristotélica estaba ganando influencia en Occidente, lo que resultaba difícil de conciliar con la perspectiva platónica. A pesar de que su obra no pareció surgir en el momento más oportuno, sus textos fueron criticados por influyentes filósofos aristotélicos medievales como san

Alberto Magno y santo Tomás de Aquino, lo cual indicaba que circulaban y eran tenidos en cuenta.

ISAAC ALFASI, JOSEPH IBN MIGASH E IBN GABIROL: MAESTROS DE MAIMÓNIDES

Los dos autores que más influyeron en la visión jurídica de Maimónides fueron Isaac Alfasi y Joseph ibn Migash, ambos fueron maestros en Lucena. Maimónides los consideraba a los dos sus maestros, aunque nunca estudió con ellos, pues Alfasi murió en el año 1103 y Migash murió en el año 1141, cuando Maimónides tenía tan solo tres años. Por otra parte, Ibn Gabirol también fue uno de los filósofos e intelectuales que más influyeron en la obra de nuestro autor.

Sobre Isaac Alfasi (circa 1013-1103), podemos decir que la academia de Lucena alcanzó su cénit de influencia y prestigio durante su dirección. Cuando tenía setenta y cinco años, Alfasi había emigrado desde Fez, en Marruecos, hasta Lucena, donde vivirá hasta los noventa años. De hecho, su nombre, Alfasi, deriva de al-Fasi, que significa «el de Fez». Los motivos por los cuales un hombre de edad tan provecta tuvo que abandonar su ciudad los desconocemos, pero sabemos que el gobernador de dicha ciudad lo había denunciado por algún motivo. La influencia de su nombre y su figura atrajeron a numerosos estudiantes, algunos que ni siquiera eran talmudistas, como ocurrió con Judah ha-Levi, poeta y filósofo que también hemos mencionado anteriormente. Muchas juderías enviaron sus consultas legales a la sinagoga de Lucena para que las respondiera Alfasi, quien solía hacerlo en árabe. Isaac Alfasi dedicó su vida al estudio de la Torá y representa el modelo paradigmático de sabio talmúdico, ajeno a cualquier interés que no fueran sus estudios bíblicos. A pesar de ello o justamente a causa de ello, Maimónides se vio fuertemente influido por sus enseñanzas. Al fin y al cabo, Alfasi escribió *El libro de las leyes*, que constituyó una formidable síntesis entre antiguos compendios legales y el Talmud, y esa obra fue fundamental para que Maimónides se decidiera, mucho tiempo después, a escribir su *Mishné Torá.*

Joseph ibn Migash (1077-1141) fue discípulo de Isaac Alfasi y fue nombrado por este su sucesor al frente de la academia de Lucena. Migash era de Sevilla, donde estudió en el periodo de al-Mutamid. Su maestro fue Ibn Albalia que se percató en seguida de las formidables dotes intelectuales de su discípulo, de modo que recomendó al padre de Ibn Migash que lo mandara a Lucena, lo que hizo en el año 1089, cuando el niño apenas contaba doce años. Migash estudió en Lucena con Alfasi hasta el fallecimiento de este.

Ibn Migash fue maestro del padre de Maimónides y amigo de Judah ha-Levi, quien escribió poemas laudatorios en su honor. Es gracias a Judah ha-Levi que sabemos que el estilo de Ibn Migash para responder las consultas legales que le dirigían era tan brillante que sus discípulos tomaban nota al dictado de sus respuestas. Judah ha-Levi puso en contacto a Ibn Migash con otros sabios de la Provenza, creando así un nexo que también aprendería a cultivar posteriormente Maimónides en su prolija correspondencia con sabios provenzales como Samuel ibn Tibbon que sería quien acabaría traduciendo al hebreo la obra filosófica más importante de Maimónides, su *Guía de perplejos.* No hay que olvidar que él la escribió en árabe.

MAIMÓNIDES SOBRE LA TRADUCCIÓN

Una regla es que todo aquel que quiera traducir de una lengua a otra y pretenda traducir palabra por palabra y guardar el orden de los elementos, tendrá mucho trabajo y su traducción resultará insegura y extremadamente confusa. No debe hacer esto sino que quien traduzca de una lengua a otra, primero tiene que comprender el tema y después narrar y explicar en dicha lengua lo que entendió del tema y dejarlo muy claro. Y no puede evitarse el traducir una palabra por muchas o muchas palabras por una sola: si faltan palabras las añadirá hasta que el tema quede ordenado y perfectamente claro.

Carta a Ibn Tibbon.

Ibn Gabirol (circa 1021 - circa 1058) escribió su *Fons vitae* o *La fuente de la vida*, que fue su obra más importante. En este trabajo el autor trata de defender que la función primordial de la filosofía debe centrarse en el autoconocimiento (una directriz que sigue el Sócrates de los textos platónicos y que, en cierto modo, es el auténtico lema de la filosofía: el famoso «Conócete a ti mismo» del frontispicio del templo de Apolo en Delfos). En este sentido, la introspección psicológica proporcionaba los fundamentos para cualquier tipo de reflexión o investigación científica, con el objetivo final de alcanzar el conocimiento de Dios, la primera sustancia que creó el mundo y dio movimiento a los astros. El conocimiento de Dios no solo podía ser alcanzado a través de la filosofía, sino que también era accesible mediante la fe y la devoción. De hecho, ambas eran complementarias, e incluso dependían una de la otra. La especulación filosófica elevaba las ideas por encima de las cosas materiales, pero su claridad carecía de utilidad si el alma no se purificaba de sus defectos a través de la práctica de virtudes piadosas y la meditación. Uniendo ambas fuerzas, se podía acceder a un contacto místico con el Creador, que era uno de los objetivos primordiales para este autor.

Es importante destacar que cuando Ibn Gabirol hablaba de «creador» y «creación», no se refería a la formación de los seres a partir de la nada. Para este filósofo judío, crear significaba pensar en las cosas. Por lo tanto, Dios dio forma a una materia caótica de existencia eterna e inmutable, en lugar de crearla desde la nada. Todo en el universo se formó a partir de elementos preexistentes. Del mismo modo, también sería relevante mencionar la clasificación de Ibn Gabirol en relación con los diversos tipos de materia. La materia divina era exclusiva de Dios. La materia universal, más sutil que la que compone los cuerpos, correspondería a los ángeles. A un nivel inferior se encontrarían las materias celestiales (asociadas a los astros que poblaban las esferas celestes) y sublunares (la de los cuerpos vegetales y animales). Todas las sustancias en el mundo sublunar se componían de esta materia y de la forma, que actuaba como su principio organizador.

Como se puede observar, las raíces del pensamiento de Ibn Gabirol se encuentran en el neoplatonismo, especialmente en lo que respecta a su orientación mística y, posteriormente, ejercerán una influencia notable en el pensamiento de Maimónides. Sin embargo, él fue el primer filósofo andalusí en combinar esta doctrina con las enseñanzas de Aristóteles, de ahí su originalidad. De Aristóteles tomó la cosmología, que describe un universo dividido en esferas móviles impulsadas por la fuerza divina del primer motor inmóvil, término con el que se refería al principio que inicia todo movimiento y que no es movido por nada. Esta síntesis de influencias, con el paso del tiempo, también influiría en la formación del pensamiento filosófico de Maimónides, pero no solo en nuestro autor, sino que es una auténtica línea de reflexión que tuvo un enorme peso en el desarrollo intelectual medieval.

MAIMÓNIDES EN FEZ

Tras la huida obligada de Córdoba y el periplo por al-Ándalus y una vez establecido en la ciudad de Fez, en el actual Marruecos, alrededor del año 1160, Maimónides tuvo la oportunidad de establecer relaciones personales directas con diversas personalidades musulmanas que residían allí. Había cumplido veintidós años, dominaba los textos bíblicos y el Talmud, había estudiado filosofía y ciencia y había escrito varios libros científicos y religiosos. Su inteligencia parecía no tener límites.

Entre las figuras con las que se relacionó es probable que se haya cruzado con Averroes, a quien hemos mencionado brevemente antes. Averroes visitó Marruecos en varias ocasiones durante su vida. Durante su estancia en Fez, Maimónides se convirtió en rabino y comenzó a adquirir los primeros fundamentos de la profesión que, a la postre, será con la que se ganará la vida y que le granjearía elogios fervientes de sus contemporáneos: la medicina. Este conocimiento médico lo fue adquiriendo paulatinamente a través de la práctica con los médicos locales y el estudio de tratados de renombrados médicos griegos de la Antigüedad, como Hipócrates (c. 460 - c. 370 a. C.) y Galeno (129-216), así como de prominentes médicos musulmanes, incluyendo a al-Razi (865-925), al-Farabi (872-950) que también fue un lógico y un filósofo destacado, Avenzoar (c. 1091-1162), Avicena y, sobre todo, Averroes, quien, además de teólogo y filósofo fue también médico. La posibilidad de estudiar los textos médicos de la Antigüedad en aquel momento solo se daba en los países del ámbito musulmán, pues en el resto de Europa, fuera de al-Ándalus, estos textos apenas estaban disponibles.

Conviene recordar que en el tiempo que le tocó vivir a Maimónides, tanto los ulemas musulmanes como su equivalente hebreo, que podrían ser los rabinos, se oponían en cierta medida a la ciencia y a la filosofía. Algunos ulemas sostenían que las ciencias antiguas, rubro en el que se incluían también algunos contenidos filosóficos, suponían una seria amenaza para la fe religiosa y resultaban tan ajenas e improductivas como inútiles. En el ámbito judío también había algunos rabinos que consideraban la ciencia y la filosofía como una sabiduría extraña, ajena, impropia del judaísmo y que no solo erosionaba la fe, sino que robaba al estudiante un tiempo precioso para el estudio de lo realmente importante, que, en este caso, sería la Torá.

Maimónides, que siempre fue un hombre responsable y con una férrea disciplina intelectual y laboral, aprovechó al máximo todas estas oportunidades de aprendizaje, demostrando un creciente interés en explorar las ciencias naturales y la filosofía y mezclarlas sin ambages como parte de su particular metodología que iremos desgranando paulatinamente. Al mismo tiempo, Maimónides desempeñó un papel excepcional como puente de conocimiento, ya que, al leer las obras de Aristóteles comentadas por Averroes, logró conciliar la filosofía aristotélica con su fe judía y, de este modo, también difundirla. Además, anticipó conclusiones prácticamente idénticas a las que Tomás de Aquino presentaría en la filosofía cristiana medieval medio siglo más tarde. Para Maimónides, Aristóteles se erigía como la figura preeminente en toda la tradición filosófica. Esta cuestión lo convertirá también en una *rara avis* desde el punto de vista filosófico, pues el dominio del panorama intelectual lo había tenido Platón durante cientos de años y, coincidiendo precisamente en el periodo vital de Maimónides, comenzará a tener mayor relevancia la filosofía del Estagirita.

¿QUÉ HABÍA QUE HACER PARA CONVERTIRSE EN RABINO EN EL SIGLO XII?

En el siglo XII, el proceso para convertirse en rabino variaba según la región y la corriente del judaísmo a la que uno perteneciera. Sin embargo, había algunos elementos comunes en la formación de rabinos durante ese período:

Educación talmúdica: La base de la formación de un rabino en el siglo XII era un profundo estudio del Talmud y otros textos judíos. Los aspirantes a rabinos pasaban muchos años en yeshivás, donde se sumergían en el estudio de la literatura talmúdica, que incluye la Mishná y la Guemará. Esta formación era esencial para comprender y aplicar la ley judía (Halajá) y para responder a preguntas y dilemas éticos de la comunidad. En el caso de Maimónides, esta formación la llevará a cabo su padre durante sus años de peregrinaje por al-Ándalus.

Maestro rabino: Los estudiantes del Talmud trabajaban bajo la tutela de un maestro rabino experimentado, quien les enseñaba y les guiaba en su estudio. Este enfoque de mentoría era fundamental para la formación de un rabino. La figura que ejerció este rol durante los años de formación de Maimónides fue su padre, Maimón ben Joseph.

Conocimiento del hebreo y el arameo: Los rabinos debían ser competentes en hebreo y arameo, ya que la mayoría de los textos judíos, incluido el Talmud, estaban escritos en estos idiomas.

Responsabilidades prácticas: A medida que los estudiantes avanzaban en su formación, comenzaban a asumir responsabilidades prácticas en la comunidad, como liderar servicios religiosos, enseñar a los niños, responder a preguntas legales y éticas, y ofrecer asesoramiento pastoral.

Ordenación: Al finalizar su formación, los estudiantes del Talmud que habían demostrado su competencia y conocimiento podían ser ordenados como rabinos. La ordenación variaba según las tradiciones locales y las corrientes judías. Los rabinos ortodoxos, por ejemplo, recibían la ordenación de rabinos ya ordenados. Parece ser que en el caso de Maimónides este hito pudo ocurrir en Fez.

Sinagogas y comunidades: Una vez ordenados, los rabinos servían en sinagogas y comunidades judías. Su función principal era proporcionar orientación espiritual, liderar servicios religiosos y enseñar la ley judía a la comunidad. También asesoraban a las personas en asuntos legales y éticos y desempeñaban un papel importante en la vida religiosa de la comunidad.

Es importante destacar que, en el siglo XII, el acceso a la educación y la posibilidad de convertirse en rabino estaban limitados en gran medida a los hombres judíos. Las mujeres tenían un papel diferente en la comunidad y, por lo general, no se convertían en rabinas. Además, el proceso de formación y ordenación podía variar según la geografía y la tradición judía específica en la que uno se encontrara.

Cuenta la tradición que Maimónides escribió su primer libro cuando apenas tenía dieciséis años. Era un libro sobre lógica titulado *Tratado sobre el arte de la lógica* y lo escribió en árabe, idioma que preferirá para la mayoría de sus obras. Si los datos que conservamos sobre este primer libro son correctos, cosa de la que no podemos estar seguros por la falta de evidencias claras, Maimónides habría escrito este tratado durante los años de su emigración forzada por al-Ándalus o, todo lo más, cuando ya estaba establecido en Fez. A esta ciudad, como dijimos antes, llegó alrededor de 1160, cuando él ya tenía veintidós años (recordemos que Maimónides había nacido en el año 1138).

MAIMÓNIDES, *TRATADO SOBRE EL ARTE DE LA LÓGICA*

Las cuatro proposiciones que no necesitan ser demostradas son las siguientes:

1. Las percepciones, como, por ejemplo, el conocimiento de que algo es negro, dulce o caliente.

2. Los primeros inteligibles (es decir, los axiomas), como, por ejemplo, el conocimiento de que el todo es mayor que la parte, de que 2 es un número par y de que dos cosas iguales a una tercera son también iguales entre sí.

3. Las convenciones, como, por ejemplo, el conocimiento de que exhibir la propia desnudez es vergonzoso y de que devolver los favores es encomiable.

4. Las tradiciones, es decir, todo aquello que se recibe de una persona o de un grupo al que se atribuye autoridad.

El horizonte intelectual de Maimónides era inabarcable. Sus intereses iban desde la astronomía hasta la lógica, pero en el caso de esta última disciplina se hacía particularmente importante porque era un estudio imprescindible para el estudio de la medicina. Los escritos lógicos de Aristóteles, conocidos filosóficamente como *Órganon*, habían sido traducidos del griego al árabe y, por lo tanto, estaban disponibles para nuestro autor. Lo que convierte al *Tratado sobre el arte de la lógica* en una obra tan peculiar dentro del corpus de Maimónides es que se trata del único libro que escribió que era estrictamente filosófico, el único libro que estaba despojado de todo elemento teológico o judío. En este librito de lógica, Maimónides no emplea referencias a la Biblia, como hacía con enorme frecuencia en la mayoría de sus obras, sobre todo en sus *responsa*. Las *responsa* eran respuestas a preguntas o consultas legales y éticas planteadas por indi-

viduos o comunidades judías que comenzaron a enviarle a Maimónides cuando se convirtió en rabino y en una figura destacada de la sinagoga.

Este primer libro de Maimónides era más bien una introducción a la lógica más que un tratado avanzado y, además, buena parte de su contenido procedía del filósofo musulmán al-Farabi (imagen de la izquierda).

LOS *RESPONSA* DE MAIMÓNIDES

En la filosofía y la obra de Maimónides, las *responsa* (también conocidas como *teshuvot* en hebreo) se refieren a un género específico de escritos que consisten en respuestas a preguntas o consultas legales y éticas planteadas por individuos o comunidades judías. Estas consultas eran enviadas a Maimónides en busca de su consejo y orientación sobre una variedad de asuntos relacionados con la ley judía, la ética y la religión.

Maimónides, además de ser un destacado filósofo, también fue un respetado rabino y jurista. Sus *responsa* abarcaron una amplia gama de temas, como cuestiones de Halajá (ley judía), asuntos éticos, decisiones rituales, preguntas sobre la vida cotidiana, y más. Sus respuestas se basaban en su profundo conocimiento de la tradición judía y su capacidad para aplicar principios éticos y legales a situaciones concretas.

El conjunto de *responsa* de Maimónides, conocido como *Iggerot Moshe* (*Las cartas de Moisés*), es una parte importante de su legado y ha sido estudiado y respetado a lo largo de los siglos como una valiosa fuente de orientación en cuestiones legales y éticas dentro de la comunidad judía. Estas respuestas no solo brindaban soluciones prácticas a preguntas específicas, sino que también ofrecían una visión más amplia de su pensamiento ético y su enfoque en la interpretación de la Halajá.

Antes de llegar a Fez, también escribió otro libro del que consideramos que merece la pena hablar. Se trata del *Tratado sobre el calendario*. Era un manual práctico sobre el calendario, alejado de la teoría, cuyo interés era el de organizar las cuestiones sobre las festividades judías, las lunas nuevas y las estaciones del año. El *Tratado sobre el calendario* demuestra que Maimónides tenía un conocimiento extenso y profundo de la astronomía, conocimiento que, no hay que olvidar, había adquirido con veinte años, pues este libro debió ser escrito entre el año 1157 y el 1158. Además, gracias a este libro podemos saber que Maimónides tuvo acceso a un conocimiento que estaba presente únicamente en los textos sobre astronomía griegos y árabes. Esta cuestión nos permite señalar una curiosidad importante: cuando Maimónides comprobaba que los contenidos científicos estaban claramente demostrados, los asumía como propios y confiaba en los científicos que los habían producido, independientemente del origen religioso o cultural de estos autores, lo cual aleja a nuestro autor del sectarismo y fanatismo que fue tan frecuente en el periodo medieval en otras zonas de Europa. Probablemente, esta sea otra herencia de su origen andalusí.

Tanto en el *Tratado sobre el arte de la lógica* como en el *Tratado sobre el calendario,* Maimónides utiliza la segunda persona del singular para interpelar y dirigirse de este modo directamente al lector. El uso del «tú» es un tratamiento propiamente del género epistolar, género al que estaba más que acostumbrado, aunque debemos tener en cuenta que estas dos obras son de su juventud, cuando aún no se había convertido en un referente mundial para el judaísmo. La expresión con la que comenzaba muchos de sus párrafos era la siguiente: «Debes saber». Esta utilización de la segunda persona del singular también aparecerá en otros escritos de madurez.

En Fez, sin pretender desmerecer sus obras anteriores, Maimónides se embarcó en la creación de su primer trabajo significativo, la *Epístola sobre la conversión forzosa,* que fue escrita alrededor de 1162 y también se conoce como *Tratado acerca de la santificación del nombre.* En realidad, este escrito sirvió como continuación de otra carta, la mencionada *Epístola de consolación,* escrita por su padre para un grupo de judíos de Fez que buscaban respuestas sobre las conversiones forzadas al islam promovidas, en ocasiones de manera agresiva, por las autoridades locales. La carta de Rabí Maimón, el padre de Maimónides, había mostrado un enfoque benevolente hacia los conversos, lo que desencadenó la crítica de otro rabino, menos tolerante hacia aquellos que abandonaban su fe ancestral. El objetivo, tanto de la *Epístola de la consolación* como de la *Epístola sobre la conversión forzosa,* era tratar de reconfortar a sus lectores, insuflarles ánimo y aumentar su espíritu en un periodo de férrea persecución religiosa.

Este texto abordaba tanto cuestiones teológicas como filosóficas y continuaba la línea de pensamiento de su padre al criticar a aquellos que preferían la muerte antes que la conversión. Además, lo hacía empleando ideas que reflejaban su profunda familiaridad tanto con las escrituras sagradas judías como con la filosofía clásica griega y el pensamiento islámico, muchas de las cuales conocía de memoria gracias a su portentoso intelecto. En este escrito, se podía percibir el incipiente Maimónides, que ya destacaba como humanista maduro, priorizando la comprensión de los sufrimientos de las personas sobre el estricto cumplimiento de las leyes, incluso las que se consideraban sagradas. Este rasgo de nuestro autor lo consideramos capital, pues demuestra su carácter humano y tolerante, priorizando la vida sobre otras consideraciones.

Sin embargo, la primera gran obra verdaderamente influyente de Maimónides no se materializaría hasta 1168, con la redacción de su *Comentario a la Mishná*, que completaría no en Fez, sino en Egipto. Esta obra también es conocida como *El Luminar* y constituye una de sus principales contribuciones al estudio rabínico (talmúdico). Con esta obra el mundo judío supo de sus esfuerzos por aclarar y explicar las complejidades de la Mishná, buscando hacerla más accesible y comprensible para los estudiosos y practicantes del judaísmo. Su enfoque en la elucidación y su metodología detallada dejaron una huella indeleble en el estudio de los textos judíos, reafirmando su posición como una figura central en la tradición rabínica.

La controversia en torno a las conversiones no fue el único motivo de debate entre Maimónides y los elementos más conservadores del ámbito rabínico de Fez. También se encontró con resistencia debido a su deseo de profundizar en el estudio de la filosofía griega, que algunos consideraban impía en los círculos más ortodoxos de la comunidad judía y, para otros, como hemos señalado anteriormente, pensaban que era una pérdida de tiempo y una distracción de lo realmente importante, el estudio de la Torá.

Parece ser que la principal causa de esta oposición frente a la filosofía griega residía en que las ideas de los filósofos paganos planteaban cuestionamientos a algunos de los fundamentos de la teología judía. Por ejemplo, se presentaban interpretaciones literales de ciertas expresiones que se hallaban en los textos sagrados, como «Dios dijo» o «Dios se sentó», que, tomadas al pie de la letra, podrían llevar a la conclusión de que Dios no solo era espíritu, sino también materia, lo cual era incompatible con la idea de un Dios eterno y omnipotente. Esta supuesta humanización de la divinidad era vista como un acto de impiedad imperdonable. Además, estos rabinos que se oponían a los contenidos de la filosofía griega consideraban que las influencias procedentes del mundo no judío representaban un riesgo para que el pueblo de Israel, guiado por líderes erróneos, se asimilara y desapareciera entre los musulmanes y los cristianos, pueblos que, en mayor o menor medida, sí habían ido asimilando los contenidos de estos autores clásicos. Sin embargo, Maimónides no se dejó amedrentar por esta oposición; por el contrario, sus escritos intentaron refutar y aclarar lo que él consideraba creencias erróneas, incluso si habían sido respaldadas por siglos de interpretación tradicional. Esta actitud de nuestro autor demuestra otro rasgo de carácter: la valentía frente a la tradición si él consideraba que esta estaba equivocada.

En medio de estas reacciones contradictorias hacia la filosofía griega, Maimónides se esforzó por lograr un equilibrio entre la fe y la razón, el judaísmo y la filosofía, o, abusando de la metáfora, un equilibrio entre Atenas y Jerusalén. Sus dos obras más importantes, la *Mishné Tora*, cuyo título en español sería algo así como *Segunda Ley*, compilada entre 1170 y 1180, y, sobre todo, *Guía de perplejos*, cuya redacción concluyó alrededor de 1191, se centraron en refutar tanto a quienes, aferrados a la ortodoxia, veían la filosofía como una amenaza para la fe, como a quienes, confiados en la autonomía de la razón, menospreciaban las aparentes incoherencias de los textos sagrados. En su obra *Guía de perplejos* (también conocida como *Moreh Nevukhim* en hebreo), Maimónides se refiere a la «perplejidad» en el título del libro para denotar la condición de aquellos individuos que están desconcertados o confundidos acerca de ciertos aspectos de la filosofía y la teología judías, así como de la relación entre la fe y la razón. En otras palabras, se dirige a aquellos que sienten conflicto o confusión intelectual en su búsqueda de comprender la relación entre su fe religiosa y sus creencias filosóficas.

Maimónides escribió *Guía de perplejos* en un esfuerzo por abordar y resolver las tensiones aparentes entre la filosofía y la religión, particularmente en el contexto del judaísmo. El libro está destinado a ayudar a aquellos que se sienten perplejos o perplejas al tratar de conciliar los principios de la fe religiosa con las conclusiones de la razón filosófica. En la obra, Maimónides explora una variedad de temas, incluyendo la naturaleza de Dios, la creación, la providencia divina, el mal, la revelación, la ética y otros conceptos clave de la teología y la filosofía. El enfoque de Maimónides en esta obra es proporcionar una guía y una explicación de cómo armonizar la teología judía con los principios filosóficos, y cómo resolver las aparentes contradicciones entre ambas. Su objetivo es ayudar a aquellos que se sienten perplejos a encontrar una comprensión más clara y una mayor coherencia en sus creencias religiosas y filosóficas. En este sentido, «perplejidad» se refiere a la incertidumbre o la confusión que pueden surgir cuando se intenta abordar preguntas complejas relacionadas con la fe y la razón. Por cierto, *Guía de perplejos* se refiere a tener un guía, una persona que te acompañe en esta situación de desconcierto que suele provocar la confusa relación entre fe y razón y te marque el camino. No obstante, de esto hablaremos más adelante cuando tratemos la obra en sí, pues es el libro de filosofía más importante que escribió Maimónides y uno de los más importantes de la historia del judaísmo.

LA FILOSOFÍA GRIEGA COMO PUERTA AL JUDAÍSMO

Maimónides vio en la filosofía griega una oportunidad para renovar y fortalecer la tradición de pensamiento vinculada a Moisés. Su relación con la filosofía griega, y en particular con la obra de Aristóteles, le pudo ofrecer una herramienta para enriquecer y rejuvenecer la herencia intelectual asociada con Moisés y la tradición judía. Maimónides no iba a renunciar fácilmente a Aristóteles, pues la lectura de alguna de sus obras supuso para nuestro personaje una auténtica revelación filosófica. En respuesta a aquellos que lo criticaban por dedicar gran parte de su tiempo al estudio de pensadores ajenos a la tradición hebrea, el joven argumentaba que la sabiduría griega y la filosofía tenían sus raíces en una antigua sabiduría hebrea que se remontaba a Moisés y Salomón. De acuerdo con Maimónides, la filosofía griega encontraba su origen en el judaísmo. Por lo tanto, el objetivo no era simplemente integrar elementos ajenos a la tradición judía, sino recuperar un patrimonio científico e intelectual que se había desvanecido a lo largo de los siglos.

Página de una copia de *Guía de los perplejos* de Maimónides (1348).

Maimónides, desde su juventud, había considerado la filosofía aristotélica como un equivalente al conocimiento científico, un corpus de sabiduría que podía compararse con la verdad contenida en los textos sagrados. Lo que más le atraía de la filosofía era su enfoque racional, que él no veía en conflicto con una fe que guiara la razón. Gracias a esta perspectiva, sus obras llegaron a representar el máximo grado de aceptación de Aristóteles y su armonización con el judaísmo en sus aspectos teológicos, exegéticos, éticos y jurídicos.

Maimónides también comprendió que, dejando de lado la revelación divina, la razón era el don más grande que Dios había otorgado al ser humano. Para él, la verdadera perfección humana residía en la adquisición de virtudes intelectuales y en la capacidad de concebir conocimientos que pudieran arrojar luz sobre cuestiones metafísicas. Consideraba a los profetas bíblicos ejemplos de virtud intelectual, figuras destacadas en la tradición judía. Para Maimónides, estos profetas eran individuos con rasgos superiores innatos, almas preparadas para unirse con el intelecto puro que es Dios. A través de ellos, la humanidad podía acceder a la verdad y a lo divino. Entre todos los profetas, Moisés destacaba, ya que Dios le había revelado la Ley contenida en la Torá, un mandato de origen divino que era inmutable, y que nunca se modificaría, ni en su texto ni en su interpretación.

Maimónides, aunque versado en estudios rabínicos, no veía contradicción alguna entre su uso de la razón filosófica y el mensaje de las Escrituras. En su perspectiva, la fe y la razón no eran incompatibles, sino que se complementaban mutuamente. Sus ideas encontraron resistencia entre los rabinos que limitaban la fe al conocimiento completo de los deberes impuestos. En contraposición, Maimónides sostenía que la vida humana tenía dos aspectos bien diferenciados: la actividad intelectual, como base de la sabiduría y la filosofía, y la inspiración espiritual, necesaria para la fe en el Creador. La fe, para él, era fundamental y servía como base para la ciencia y la filosofía. Reconocía que la razón, cuando se dirigía adecuadamente, ayudaba a comprender mejor las verdades de la fe. No obstante, insistía en que la verdad debía ser comunicada de manera apropiada, considerando la capacidad de las personas para entenderla. Maimónides entendía que la mayoría de las personas carecían de la formación teórica necesaria para comprender la filosofía y, por lo tanto, utilizaba mitos, convenciones y conceptos preexistentes como un primer paso hacia el conocimiento, que luego podía ser refinado a través de la razón. La comprensión del conocimiento de Dios y la divinidad era esencial, independientemente de si se transmitía a través de un discurso filosófico o de imágenes divinas, ya que ambas eran igualmente importantes en la comprensión del Creador.

Maimónides abordó la complejidad de la vida humana, reconociendo sus dos dimensiones distintas. Por un lado, estaba la actividad intelectual, que servía como cimiento de la sabiduría y la filosofía. Por otro lado, se encontraba la inspiración espiritual, esencial para la fe en el Creador, la creencia en Dios. La mente, o el intelecto, se activaba cuando era necesario abordar situaciones específicas. En contraste, los sentimientos fluían naturalmente y variaban según las circunstancias. Para Maimónides, la fe era el fundamento de todo, un pilar que no dependía de ningún otro apoyo, lo que significaba que tanto la ciencia como la filosofía debían basarse en la fe.

El filósofo refutaba la arrogancia de aquellos que creían que el intelecto por sí solo podía descifrar todos los secretos de la creación. Argumentaba que la fe era un componente fundamental, ya que, sin ella, la razón carecería de una base sólida sobre la cual fundamentarse. Sin embargo, Maimónides sostenía que la razón, cuando se dirigía adecuadamente, ayudaba a una mejor comprensión de las verdades de la fe.

En su labor intelectual, Maimónides no solo se dirigió a la élite intelectual, sino que también se dirigió a la población en general, cuestión que prácticamente podemos entender como un rasgo de carácter, pues su interés por resultar claro a la mayor parte del público siempre estuvo presente en su obra. Creía que la verdad no debía difundirse de manera indiscriminada sin considerar la capacidad de comprensión de las personas a las que se destinaba. Reconocía que la mayoría de las personas carecían de los fundamentos teóricos necesarios para comprender el lenguaje de la filosofía. No obstante, Maimónides entendía que estas creencias necesarias, aunque no necesariamente verdaderas, servían como una etapa inicial en el conocimiento, y debían ser posteriormente superadas a través del uso de la razón. Este enfoque aseguraba que el orden social se mantuviera estable, incluso en situaciones en las que la población no estaba preparada para asimilar toda la complejidad de la verdad, ya que, en esos casos, las imágenes y conceptos relacionados con lo divino prevalecían sobre el conocimiento abstracto de Dios.

MAIMÓNIDES O LA EDUCACIÓN

Maimónides distinguía, con una bella metáfora, entre las personas educadas y las personas ignorantes: «El que sabe nadar puede sacar perlas de las profundidades del mar; el que no, se ahogaría. Pero únicamente deben correr el riesgo las personas que poseen la instrucción adecuada». Así, la distinción que Maimónides establecía entre aquellos que habían recibido educación y aquellos que no, no tenía en absoluto tintes clasistas. Su visión de la sociedad era inclusiva; no creía que el destino de una persona estuviera predeterminado para ser ignorante o instruida, sino que cualquier individuo podía crecer y mejorar tanto espiritual como intelectualmente, independientemente de su origen. En los casos más favorables, podría incluso embarcarse en la búsqueda de la verdad si sus capacidades naturales se lo permitieran.

Para hacer posible este proceso de desarrollo, que, en cierto modo, era un proceso intelectual, era esencial que las creencias necesarias para el funcionamiento social dejaran espacio para las creencias verdaderas. Esta transición ya estaba contemplada en la Torá, la Ley, que no solo proporcionaba directrices para el gobierno de la comunidad y la mejora espiritual de sus miembros, sino que también fomentaba la búsqueda del conocimiento. De esta manera, la Torá se asemejaba a una escalera cuyos peldaños permitían ascender hacia el cielo del saber y la comprensión más profunda.

En lo que respecta a los filósofos y a su papel en la sociedad, Maimónides los consideraba equiparables a los profetas. Esto es así hasta en un sentido que nos puede resultar sorprendente hoy en día: Maimónides se identificaba profundamente con Moisés, personaje bíblico de la máxima importancia con el que no solo compartía el nombre, sino también parte de su sino. El Moisés bíblico fue un extranjero en Egipto, como le ocurrirá a Maimónides en la segunda mitad de su vida, que transcurrirá, como veremos, en Fustat, cerca de El Cairo. Por otra parte, Moisés era, para Maimónides, una figura idealizada. No solo se trataba del guía que había acompañado al pueblo de Israel en su travesía por el desierto hacia la tierra prometida, sino que recibió la Torá en lo alto del monte Sinaí y logró alcanzar el grado mayor de sabiduría jamás concedido a un hombre. El título de su obra principal de índole filosófica, *Guía de perplejos*, hace referencia a un guía que orienta en el camino, lo que nos lleva a pensar que, hasta en el título, se está comparando al Moisés bíblico. De la misma forma que Moisés guio al pueblo de Israel, Maimónides guiará a los perplejos ante la dificultad de conciliar razón y fe. De la misma forma que Moisés fue un líder para su pueblo, Maimónides se veía como un líder que contribuiría al cumplimiento de la profecía. Las referencias que nuestro autor dedica al Moisés bíblico nos descubren que se consideraba un Moisés redivivo, una especie de redentor y salvador de su pueblo. Así, podemos concluir sin ambages que Maimónides tenía como rasgo de carácter de importancia su identificación con Moisés. De ahí que escribiera obras como la *Mishné Torá* y *Guía de perplejos*, pues perseguía con estos libros restablecer la fortaleza, la sabiduría y el discernimiento del pueblo judío y prepararlo para el adveni-miento de una nueva era. Y, aunque pueda sorprender hoy en día, el mesianismo de Maimónides no era nada extraño en la época que le tocó vivir. Esto es así, entre otros motivos, porque las aspiraciones mesiánicas alcanzaron su cénit en el periodo de al-Ándalus, durante los siglos XI y XII. Por ejemplo, Ibn Gabirol, Ibn Ezra o Judah ha-Levi se incluían entre los que consideraban que el mesianismo era uno de los pilares fundamentales de su pensamiento religioso.

Veía en la capacidad de los filósofos para la reflexión una herramienta que podía aportar orden a la comunidad y faci-litar la comunicación efectiva con la población en general. Los filósofos desempeñaban el papel de guías, en cierto modo como los profetas, orientando a las personas hacia el conocimiento genuino. Desde la perspectiva de Maimónides, esta función otorgaba legitimidad religiosa tanto a la filo-sofía como a las investigaciones científicas. De este modo, contribuían a la comprensión de aspectos que anteriormente se consideraban exclusivos de la religión, como las profecías, la providencia y los mandamientos divinos.

Maimónides concebía la educación filosófica como un proceso ascendente, que partía de un nivel inferior carac-terizado por la ignorancia y el temor a Dios, y avanzaba hacia un nivel superior representado por el amor a Dios y la iluminación. Este estado máximo solo era alcanzado por los estudiosos y profetas. En una sociedad bajo el dominio almohade, donde el temor a Dios era ampliamente difun-dido, Maimónides abogaba por trascender ese temor y reem-plazarlo con la gradual revelación de verdades, desde las más simples hasta las más complejas. El objetivo final era comprender a Dios no desde el temor, sino desde el amor, un logro de gran valor para el sabio cordobés. En la *Mishné Torá* lo dejará claro, su objetivo será buscar el propósito detrás de los mandamientos, no quedarse únicamente en el análisis de los mismos.

LA FILOSOFÍA DENTRO DE LA RELIGIÓN

Dentro de la perspectiva de ciertos rabinos, como Saadia Gaón (892-942), existe una clasificación de los 613 preceptos contenidos en la Torá, fundamentales en la religión mosaica, que se divide en dos categorías: los «preceptos razonados», aquellos que se pueden comprender mediante la razón, y los «preceptos escuchados», aquellos que Dios entregó a Moisés en el monte Sinaí sin una explicación racional aparente, lo que sugiere que, de no haber sido revelados por el Creador, posiblemente no habrían sido concebidos por la humanidad. Sin embargo, Maimónides, reconociendo el valor del conocimiento y la filosofía como vías de acceso a la verdad, rompió con esta dicotomía. Desde su perspectiva, todos los preceptos tienen una finalidad y un propósito, y la voluntad de Dios es que los seres humanos los cumplan debido a los beneficios que aportan.

Algunos de estos preceptos son ampliamente conocidos, como la prohibición del robo o el asesinato, mientras que otros son menos familiares para la mayoría de las personas, como ciertas restricciones en la mezcla de alimentos que pueden tener implicaciones en la salud. No obstante, la falta de conocimiento de un precepto no implica necesariamente que carezca de sentido, ya que, como explicaba Maimónides en *Guía de perplejos*, cada uno de los preceptos tiene un propósito y fueron encomendados debido a su utilidad, aunque esta se ignore. Podríamos poner como ejemplo el precepto judío de lavarse las manos al levantarse y pronunciar una bendición. El precepto, como suele ser habitual, está minuciosamente explicado: la mano derecha toma el jarro de agua lleno y lo entrega a la izquierda para que esta vuelque el agua sobre la mano derecha. Posteriormente, la mano derecha volcará sobre la izquierda y así sucesivamente hasta tres veces. Los motivos que se esgrimían eran que durante la noche se apodera de las manos un espíritu de impureza, el cual solo puede eliminarse con esta ablución matutina. Sin embargo, un médico como Maimónides encontrará que la utilidad de lavarse las manos al levantarse también tiene que ver con la propia higiene del individuo y que, seguramente, la salud de las personas que lo practiquen se verá reforzada por esta costumbre.

En línea con esta idea, Maimónides reformuló la división de Saadia Gaón en dos nuevos grupos: los mandamientos y las leyes. Los mandamientos se identifican claramente como preceptos con beneficios reconocidos por todos, mientras que las leyes, a menudo, parecen carecer de sentido a simple vista y su utilidad no es evidente para la mayoría. En la *Mishné Torá*, obra de la que hablaremos más adelante, Maimónides enfatizó la importancia de estudiar y comprender las leyes de la Torá de acuerdo con la capacidad intelectual de cada individuo, y sugirió que no se menospreciara una ley solo porque pareciera carente de sentido.

Maimónides destacó que tanto los mandamientos como las leyes de la Torá tienen como objetivo corregir las ideas y mejorar las acciones de los seres humanos en la Tierra. Además, propuso que los 613 preceptos se pudieran dividir, con fines exclusivamente educativos, en tres grupos. El primero de ellos estaría orientado hacia la educación intelectual, promoviendo la acumulación de conocimientos científicos y la enmienda del alma humana en todos sus aspectos, adaptándose a la capacidad intelectual de cada individuo. El segundo grupo se centraría en la creación de una sociedad justa y organizada, eliminando la maldad de sus miembros y contribuyendo al bienestar general. Maimónides entendía que esta mejora de la sociedad también dependía de la instrucción individual, enfatizando el papel de la educación para la convivencia. La tercera serie de preceptos se centraría en inculcar nobles valores a cada miembro de la sociedad y acostumbrarlos a contribuir al bienestar general, promoviendo buenas costumbres, virtudes y la erradicación de cualidades negativas. Como escribió en *Guía de perplejos*, el propósito es «enseñar buenas maneras, inculcar virtudes, erradicar los defectos y cualidades innobles». La idea última sería educar a cada persona para que se fomentara el bienestar general.

Las concepciones de Maimónides reflejan su fe en una sociedad en constante evolución y cambio, sin embargo, nunca puso en tela de juicio la validez y la inmutabilidad de la verdad revelada a lo largo del tiempo, dicho con otras palabras, la fe requerida en su tiempo para comprender la realidad, siempre la mantuvo presente. Su modelo de individuo ideal se asemejaba a los grandes patriarcas del pueblo de Israel, destacando a Abraham como un paradigma del filósofo monoteísta que forjó una comunidad imbuida de filosofía. En una época anterior al cautiverio de Israel en Egipto y, por lo tanto, antes de Moisés, Abraham se distinguió por su enfoque individualizado que consideraba las capacidades intelectuales de cada persona. Además, abogaba por la formación de una comunidad de eruditos creyentes en la que las creencias verdaderas prevalecieran sobre las consideradas necesarias. Así, la búsqueda de conocimiento genuino se convirtió en la fuerza motriz del pueblo judío.

A pesar de las críticas de su época por sus innovaciones fuertemente influenciadas por el pensamiento filosófico, ese reproche que se le planteó de dejarse llevar demasiado por la filosofía en lugar de centrarse en lo que era considerado importante en su época, la creencia en Dios, Maimónides dejó una huella indeleble en la tradición rabínica, llegando a convertirse en sinónimo de sabiduría. Como lo expresó el erudito Rabí Saadia Danán en el siglo XV, «si no fuera por la obra talmúdica de Maimónides, no habríamos entendido el Talmud en absoluto», y «tras la luz de Maimónides, todo el pueblo de Israel, desde Oriente hasta Occidente, avanzó». Además, las contribuciones de Maimónides no se limitaron solo a la comunidad judía, sino que también tuvieron un impacto significativo entre los musulmanes.

CAPÍTULO 2.

De Marruecos a Palestina: el tránsito de Fez a Acre

«El arte de la vida es siempre hacer algo bueno de algo malo».
Maimónides, Guía de perplejos.

Las razones por las que se produjo el traslado de toda la familia a Fez, sede del califato almohade y, por lo tanto, una ciudad que no tenía por qué ser abierta ni tolerante, son un misterio. Algunos eruditos sostienen que tal vez se produjo por la insistencia de Maimónides en poder estudiar con el juez rabínico Judah ha-Kohen ibn Shoshan o quizá también influyera el hecho de que la supervisión de los *dhimmis*, personas no musulmanas que vivían en un estado islámico, fundamentalmente judíos y cristianos, era, paradójicamente, menos estricta en la capital almohade. Sin embargo, nunca podremos estar seguros de cuáles fueron las razones últimas que llevaron allí a la familia de nuestro pensador. Nosotros nos inclinamos a pensar que Maimónides, con veintidós años que contaba cuando arribó a Fez, ya no necesitaba ningún maestro y que la primera razón argüida tradicionalmente no es válida. Lo más probable es que fuera más fácil vivir como criptojudíos en Fez que en otros lugares, además de que, como hemos indicado antes, los *dhimmis* sufrían unas condiciones menos severas aquí que en otras ciudades y, además, la vigilancia almohade no era ni homogénea ni uniforme.

El advenimiento de Maimónides y su familia se produjo en 1160, cuando estaba a punto de concluir el reinado del fundador de la dinastía almohade, Abd al-Mumin. En las postrimerías de su gobierno, tanto los judíos como los propios musulmanes, disfrutaron de cierta relajación en el control religioso. Esto se podría explicar porque se había pasado de una fase de conquista y expansión a otra muy diferente de gestión, consolidación y administración, con lo que ello conllevaba.

Sin embargo, el momento de la llegada de Maimónides no fue el más oportuno, porque apenas transcurridos tres años de su llegada a Fez, Abd al-Mumin murió y le sucedió su hijo Abu Yacuub Yúsuf, quien reinó desde 1163 hasta 1184. Al cambio de política que supuso el nuevo gobernante, se agrega que el ambiente para los judíos se volvió casi irrespirable porque muchos judíos granadinos habían participado en la rebelión que se organizó en la que será futura capital nazarí contra el dominio almohade. Un líder musulmán, Ibrahim ibn Hamushk, atacó Granada con el apoyo de la población judía y cristiana mozárabe. Cuando los almohades reprimieron el levantamiento, masacraron sin piedad a los cristianos y judíos rebeldes. Aunque los propios musulmanes participantes en la rebelión sufrieron similar suerte. Así, Abu Yacuub Yúsuf, que había sido quien reprimió la revuelta en Granada, cuando se asentó en el poder tras la muerte de su padre, cambió de actitud hacia los judíos, y se creó un clima de miedo y opresión que terminó con la conversión de muchos de estos judíos. De modo que la decisión que tomó la familia de Maimónides de trasladarse a Fez se tornó en un error que los había puesto en peligro, como veremos más adelante. En estos momentos, el grupo familiar estaría formado por el padre, que debía tener unos sesenta años, Maimónides, que tendría poco más de veinte años, su hermano menor David, que sería un adolescente para nuestros cánones, pero un adulto para la época y tres hermanas más que son un absoluto misterio para la crítica porque no sabemos apenas nada de ellas.

La situación llegó a un punto insostenible, llevando a los judíos a escapar en masa de la capital almohade, entre ellos la familia de Rabí Maimón. En ese mismo año de 1165, emprendieron un viaje tumultuoso hacia Palestina, enfrentándose a una tempestad que casi los lleva al naufragio durante su travesía marítima. Finalmente, desembarcaron en San Juan de Acre, ciudad israelí conquistada por los cruzados en 1104. Durante cinco meses, exploraron la posibilidad de establecerse en este lugar, solo para descubrir finalmente que no era la anhelada segunda Córdoba, caracterizada por su erudición y tolerancia que ellos habrían querido. En Acre trabará amistad con Japheth ben Elijah, único personaje del que guardará un grato recuerdo tras su paso por Palestina y al que dirigirá, muchos años después, una carta peculiarísima de la que hablaremos más adelante.

Decididos a continuar su búsqueda, se embarcaron en una peregrinación hacia Jerusalén, la ciudad sagrada para tres religiones, y luego a Hebrón, donde reposan las tumbas de los patriarcas de Israel. La tradición sostiene que Abraham, Sara, Isaac, Rebeca, Jacob y Lea descansan en ese lugar. Aunque la familia de Maimónides cumplió el deseo de pisar la tierra de sus antepasados, pronto todos se dieron cuenta de que Palestina, también conocida como Tierra Santa por los cristianos, estaba bajo el control de los cruzados, un ejército multinacional que buscaba arrebatar el lugar sagrado al islam, y no era una tierra propicia para los judíos.

En esa época, Jerusalén estaba gobernada por Amalarico I (1136-1174), un monarca cristiano ávido de riquezas y con fama de sensual. El reino cristiano, formado alrededor de Jerusalén tras la conquista del año 1099, enfrentaba tanto amenazas externas provenientes del mundo musulmán como conflictos internos. Los judíos no eran bienvenidos en el Reino Latino y tenían prohibido residir en la capital. Estos factores llevaron a la familia de Maimónides a rechazar la idea de establecerse allí y continuar su búsqueda.

Así, reemprendieron su viaje, esta vez con destino a Egipto. Las noticias indicaban que en este lugar los hebreos disfrutaban de una autonomía envidiable. Después de una breve visita a Alejandría, que parece que tampoco cumplió con sus expectativas, finalmente se establecieron en Fustat en el año 1166, ciudad que hoy en día forma parte de El Cairo. Después de años de huida y vicisitudes, Moisés ben Maimón encontró finalmente su espacio, su hogar. Aunque las dificultades tampoco se puede decir que escasearan en esta nueva etapa, Fustat se convirtió, finalmente, en su morada definitiva, donde Maimónides construirá la parte más importante de su vida.

Sello de Amalarico I. *Campañas del rey Amalarico I de Jerusalén en Egipto en el siglo XII*, por Schlumberger, Gustave Léon, 1844-1929

EPÍSTOLA SOBRE LA CONVERSIÓN FORZOSA

La *Iggeret ha-shemad* (*Epístola sobre la conversión forzosa*) de Maimónides es una obra significativa en el contexto de la historia judía y la filosofía religiosa. Escrita entre los años 1160 y 1165, aunque es más probable que fuera más cerca de esta última fecha, esta carta aborda el complejo tema de los judíos que fueron forzados a convertirse al islam durante las persecuciones en tiempos de Maimónides y que será un tema muy relevante. Su importancia trasciende el período histórico en el que fue escrita, proporcionando una perspectiva valiosa sobre la resistencia y la fe en condiciones de extrema adversidad. En el siglo XII, la comunidad judía en el mundo islámico enfrentaba una ola de persecuciones. En particular, en regiones como el norte de África, los judíos fueron sometidos a presiones extremas para convertirse al islam. Maimónides, que vivió durante este período turbulento y experimentó la persecución de primera mano, escribió la *Iggeret ha-shemad* como una respuesta a esta crisis.

La carta aborda directamente las preguntas y preocupaciones de los judíos que habían sido forzados a convertirse, ofreciendo orientación y consuelo. Maimónides enfatiza la importancia de mantener la fe judía en el corazón, incluso si las circunstancias obligan a una práctica externa del islam. Él argumenta que, aunque estas conversiones forzadas son una transgresión de la ley judía, los convertidos forzosos no deben ser vistos como apóstatas, siempre y cuando mantengan su fe judía en secreto. En el fondo, los consejos que se escriben en la *Epístola sobre la conversión forzosa* son los mismos que el propio Maimónides se había visto obligado a llevar a cabo. De ahí que en esta carta nuestro autor perdonara la conversión forzosa al islam, desaconsejara el martirio y recomendara la emigración y el exilio hacia lugares donde se pudiera practicar con mayor libertad la religión propia. Al fin y al cabo, eso mismo fue lo que Maimónides y su familia hicieron.

Maimónides aborda la relación entre la fe y la acción, sugiriendo que la intención interna y la creencia son más importantes que la práctica religiosa externa en circunstancias de coacción. Esto refleja una comprensión profunda de la complejidad de la identidad religiosa y la práctica en condiciones de opresión. Por ejemplo, en esta carta Maimónides indica que la obligación a la que sometían las autoridades musulmanas a los judíos de pronunciar la fórmula clásica del islam: «No hay más Dios que Alá y Mahoma es su profeta», no era ningún pecado grave, pues la simple expresión de viva voz de una creencia no es, según nuestro autor, ninguna creencia en sí. De ahí que la mera profesión de la letanía musulmana careciera de importancia y sentido si se hacía por obligación y no por convicción, si se hacía forzadamente y no voluntariamente. Lo más curioso es que las autoridades musulmanas eran muy conscientes de todo esto y no parece que se preocuparan. Al contrario, daban la impresión de aceptar de buena gana el engaño y se conformaban con esta mera pronunciación verbal de su credo.

La *Epístola sobre la conversión forzosa* ha sido ampliamente estudiada y citada en debates sobre la ley judía, la ética y la respuesta a la persecución religiosa y ha tenido y todavía tiene un impacto poderoso que ha dejado un legado fundamental no solo para el pensamiento judío, sino para cualquier religión en tiempos de opresión. Su enfoque pragmático y compasivo ofrece un modelo para abordar dilemas éticos complejos y ha sido fuente de inspiración y consuelo para muchas generaciones. Además, el humanismo con el que Maimónides se aproxima a este problema vuelve a poner de manifiesto el carácter comprensivo, magnánimo y bondadoso de nuestro autor. Eso sí, a pesar de su impacto, la epístola no estuvo exenta de críticas. Algunos contemporáneos y pensadores posteriores argumentaron que Maimónides fue demasiado indulgente con los convertidos forzados, mientras que otros defendieron su enfoque como realista y humanitario.

Esta carta es la más antigua de cuantas se conservan de Maimónides dirigidas a la comunidad judía. La escribió cuando debía tener entre veintidós y veintisiete años, lo cual demuestra que era una figura de autoridad para los judíos, siendo tan joven y estando todavía vivo su padre. La carta fue escrita originalmente en árabe, tal vez para aumentar su difusión en un mundo donde esta era la *lingua franca*, pero, paradójicamente, solo han llegado hasta nosotros dos traducciones en hebreo. Por cierto, parece ser que la *Epístola sobre la conversión forzosa* no fue una respuesta a ninguna pregunta que le hubiesen planteado, sino que se trató de una opinión expresada por Maimónides quien decidió participar en este debate público que debía ser uno de los temas recurrentes de las comunidades judías. Conviene recordar que, diez años más tarde, en 1172, cuando Maimónides ya llevaba asentado en Fustat (Egipto) varios años, escribió su archiconocida *Epístola a Yemen*, donde se ocupará de temas muy similares y que analizaremos más adelante.

El tema de las conversiones forzosas era particularmente importante por muchos motivos, pero el más importante de todos era el de la propia supervivencia del judaísmo. En general, el pueblo judío consideraba que los apóstatas habían dejado de ser judíos, aunque trataran de profesar su fe original secretamente. Esto era importante, por ejemplo, en las cuestiones de herencia, pues aquel que había dejado de ser judío no podía dejar en herencia sus posesiones tan fácilmente como se podría creer. Además, si quienes eran forzados a abandonar el judaísmo eran condenados a la exclusión, tanto ellos como sus hijos se perderían para siempre para la fe judía. La propuesta de Maimónides será, como siempre, muy sensata: en lugar de expulsar de la sinagoga a quienes se vieran obligados a profanar el Sabbat, habría que alentarles a observar el resto de mandamientos, aunque había muchos judíos que consideraban que la disposición a morir por defender la propia fe fortalecía la creencia.

También había una opinión muy extendida en las juderías de que pronunciar la profesión de fe musulmana era equivalente a un falso juramento. Frente a esto, Maimónides respondió que, si bien jurar falsamente era una grave profanación, la Mishná permitía hacerlo a asesinos, ladrones y recaudadores de impuestos. En el fondo, la respuesta más sencilla que aportó Maimónides fue la siguiente: «Hay que vivir con los mandamientos, pero no morir por ellos».

La *Epístola sobre la conversión forzosa* de Maimónides es un documento histórico de gran importancia que aborda temas universales de fe, identidad y resistencia en tiempos de persecución. Su mensaje de resiliencia y fidelidad a las creencias personales, incluso bajo coacción, continúa resonando en el pensamiento judío y en las discusiones sobre la libertad religiosa hasta el día de hoy.

Dibujo imaginativo de la ciudad de Fustat, la
antigua capital egipcia, *Historia de Egipto.*

ENTRE LA CONTEMPLACIÓN FILOSÓFICA
Y LA REALIDAD DE GANARSE LA VIDA

Parece ser que Maimónides no se casó antes de llegar a Egipto y cuando su padre y su hermano murieron, él aún era soltero. Poco después de cumplir los treinta años, en Fustat, contrajo matrimonio con la hermana de su cuñado, perteneciente a una destacada familia de funcionarios del gobierno califal, personas piadosas y cultas.

El matrimonio en aquella cultura era más bien un contrato firmado más por motivos de conveniencia económica y social que un vínculo por amor. Maimónides necesitaba, por una parte, mayor seguridad económica, sobre todo tras el naufragio y la muerte de su hermano y, por otra parte, perseguía ser aceptado en la comunidad judía de Fustat para la que era un recién llegado, de modo que, la manera más obvia de cumplir estos objetivos consistía en casarse con una mujer de una familia destacada y eso hizo. Hemos dicho en el párrafo anterior que se casó con la hermana de su cuñado, pues el hermano de su novia se había casado con la hermana de Maimónides. Así, eran doblemente cuñados. Hasta donde sabemos, desconocemos el nombre de la mujer de Maimónides.

Aunque aún continuaba trabajando en la redacción del *Comentario sobre la Mishná*, parte de su tiempo se dedicaba a apoyar el negocio de piedras preciosas impulsado por su hermano David, quien se había convertido en el verdadero sostén económico de la familia. Finalmente, en 1168, a la edad de treinta años y después de una dedicación de toda una década, logró concluir su obra. Así, en el colofón del *Comentario sobre la Mishná*, expresó con humildad:

> Si alguien considera que en este comentario mío hay algún motivo de crítica o tiene alguna interpretación más correcta que la que propongo por lo que respecta a las diversas leyes, que me lo haga saber y que me perdone. Las personas justas y comprensivas advertirán que la tarea que emprendí no

era nada fácil de ejecutar. Durante todo el tiempo que ha durado la redacción de este libro he vivido con el corazón oprimido por las calamidades de estos tiempos, del exilio que Dios ha decretado para nosotros, de este errar de un lugar del mundo a otro.

A través de estas palabras podemos ver, de nuevo, cómo el carácter sensato, suave y humano de Maimónides se deja traslucir en sus obras.

Maimónides reconocía en ese mismo colofón que había abordado el estudio de otras ciencias, y en Fustat continuó explorando ese afán suyo por el conocimiento. Su principal área de interés se centró en la medicina, disciplina que ya venía estudiando desde su tiempo en Fez, convirtiéndose en un practicante destacado. A pesar de su compromiso con la medicina, nunca abandonó el cultivo de la filosofía. Inspirado por Galeno, el renombrado médico y filósofo griego del siglo II d. C., Maimónides creía que el mejor médico debía ser también un filósofo que entendiera la conexión entre el funcionamiento orgánico del cuerpo y los procesos naturales, ya que ambos estaban regidos por los mismos principios metafísicos.

Los primeros años en Egipto representaron una verdadera prueba para Maimónides, no debido a la persecución exterior, sino a las dificultades económicas. El negocio de las piedras no prosperaba como se esperaba, lo que llevó a la familia a enfrentarse a pleitos con acreedores y difamaciones de especuladores que buscaban apoderarse de sus bienes. Sin embargo, estas dificultades palidecieron frente a los dos golpes devastadores que el destino le deparó: en 1170, la muerte del patriarca familiar, Maimón ben Yosef, y en 1173, la de su hermano David, quien falleció en un naufragio mientras viajaba hacia la India con la esperanza de expandir el negocio. En una carta, Maimónides expresó la amargura que le embargaba: «Ha sido la pérdida más grande que he sufrido desde que tengo uso de razón [...]. Creció en mi regazo. Era mi hermano y, al mismo tiempo, mi discípulo».

La pérdida de su hermano sumió a Maimónides en una grave enfermedad que estuvo a punto de costarle la vida. Algunos investigadores consideran que esta enfermedad que padeció, de la que no tenemos demasiados datos, fue una depresión profunda que le embargó todas las facetas de su vida. Aunque logró recuperarse, el recuerdo de su hermano perdido lo acompañaría durante el resto de su vida. En este momento difícil, los estudios se convirtieron en su refugio, como él mismo admitió en la carta que escribió a Japheth ben Elijah y que reproducimos más abajo.

La muerte de su hermano David fue una experiencia que transformó completamente la vida de Maimónides y le conmocionó vivamente. Fue entonces cuando la medicina se convirtió en una prioridad, primero para ayudarle a comprender y curar su propia enfermedad, y más tarde, para obtener ingresos cruciales después de que la muerte de David dejara a la familia prácticamente sin recursos. Conocemos con cierto detalle los sentimientos que la muerte de su hermano provocó en Maimónides gracias a una carta que escribió a Japheth ben Elijah, de Acre, y que ha sobrevivido milagrosamente. La carta es un magnífico documento de introspección y desahogo que conviene leer por su valor e importancia:

> Pocos meses después de abandonar [la tierra de Israel], mi padre y maestro falleció (bendita sea la memoria de los justos). Recibimos entonces cartas de condolencia procedentes de lugares que se hallaban a meses de distancia incluso […], pero entre ellas no estaba la tuya.
>
> También he atravesado, en Egipto, varios contratiempos familiares, incluyendo enfermedades, pérdidas económicas y hasta un intento de asesinato.
>
> Pero el peor de todos los desastres que, en estos tiempos, me han golpeado, la peor de todas las desgracias que, desde el momento en que nací, he experimentado, ha sido el fallecimiento de ese hombre de bien (bendita sea la memoria de los justos) que se ahogó en el océano Índico llevándose consigo una gran suma de dinero, que pertenecía tanto a él como a mí y a otras personas y dejando, a mi cargo, viuda e hija pequeña.

Después de recibir esa aciaga noticia permanecí postrado, más de un año, en cama, aquejado de una inflamación severa, fiebres y confusión mental que me llevaron casi al borde de la muerte. Desde entonces, y de ello han pasado ya casi ocho años, mi duelo no encuentra consuelo. ¿Cómo podría encontrar alivio? David era como mi hijo. Creció en mi regazo. Era mi hermano y mi discípulo. Él era el que, mientras yo descansaba seguro, negociaba en el mercado y se ganaba el sustento. Tenía una comprensión muy profunda del Talmud y un gran dominio de la gramática. Mi única alegría era verlo, pero todo gozo se oscureció. Así pues, él ha marchado a la vida eterna, dejándome desolado en tierra extraña. Siempre que veo uno de sus libros o algún escrito de su puño y letra, mi corazón se agita y el dolor vuelve a apoderarse de mí [...]. Y, si no fuese por la Torá, que es mi deleite, y por los estudios científicos, que me ayudan a olvidarme de mi sufrimiento, hubiese perecido en mi aflicción.

A pesar de ello y, aunque no me queje de sabio, discípulo, amigo o conocido, sí que debo, por encima de todo, quejarme de ti. Porque mi hermano, mi padre y maestro (bendita sea la memoria de los justos), tú y yo, es decir, nosotros cuatro, visitamos juntos, con temor y reverencia, la casa del Señor. Pero tú no has preguntado ni te has interesado. Ello solo justificaría que no respondiese siquiera a la carta en la que solicitas una representación legal. Pero mi afecto es completo e inquebrantable. No olvido que hemos caminado juntos por bosques y yermos en pos del Señor y no te atribuyo, en consecuencia, pecado ni trasgresión alguna. El amor perdona todas las faltas.

Dios sabe lo afligido que me siento por los infortunios que mencionas. Todo ese asunto me preocupa y me mortifica profundamente. Si estuvieras conmigo, cuidaría adecuadamente de tus intereses y te honraría y complacería en la medida de mis posibilidades. Me alegro mucho por el hijo que Dios te ha concedido, Rabí Elijah, el sagaz discípulo. Me han dicho que estudia la Torá, que es inteligente y que sigue el camino correcto [...]. Cúmplase la voluntad de Dios.

Shevat 1496 de la era seléucida (enero de 1185).

La carta es asombrosa por múltiples razones. La primera es el tono de reproche que le dirige al destinatario, Japheth ben Elijah de Acre. Da la impresión de que Maimónides debió recibir una carta anterior de Japheth en la que este le reprochara la falta de contacto o el no haberle escrito unas líneas desde que Maimónides abandonó Acre, ciudad donde se conocieron. La tradición judía exigía que el que partía escribiera para mantener el contacto. Sin embargo, parece que nuestro pensador no le escribió y, al recibir la carta de reproche de Japheth ben Elijah, reaccionó duramente, cosa a la que no estamos acostumbrados, sobre todo por el tono suave y conciliatorio que solía utilizar Maimónides. Nuestro autor relata una serie de episodios negativos que ha sufrido su familia y le afea a Japheth el hecho de no haber recibido ninguna carta de condolencias, ya fuera por la muerte de su padre, ya por la muerte de su hermano. Se menciona, además, un intento de asesinato. De este episodio hablaremos más adelante, en el último capítulo de este libro, cuando tratemos el asunto de la supuesta conversión forzosa al islam de Maimónides. Pero la parte que más interés suscita para la vida de nuestro autor es la descripción de la enfermedad que sufrió tras la muerte de su hermano David. Sigue produciendo cierta compasión leer el impacto que Maimónides sentía cada vez que el recuerdo de su hermano le asaltaba.

Así, durante este mismo período atribulado, Maimónides comenzó a impartir clases de filosofía. Estas clases le brindaron numerosas oportunidades para poner en práctica una de sus recomendaciones pedagógicas más conocidas: «El maestro que explica la lección y sus alumnos no le entienden no debe enfadarse con ellos ni irritarse, sino que vuelva a repetirla incluso varias veces si hace falta hasta que la comprendan. Tampoco debe decir un alumno que ha entendido algo sin haberlo entendido, sino que vuelva a preguntar incluso varias veces».

Para hacer justicia a esta sugerencia, clave en el espíritu pedagógico de Maimónides, hay que enmarcarla en el contexto en el que fue escrita, en pleno siglo XII, cuando los formatos educativos de medio mundo imponían un modelo durísimo de castigo físico y moral de los que deriva el conocido dicho de «la letra con sangre entra». Así, podemos contemplar de nuevo cómo nuestro pensador propone una alternativa más humana y más suave.

LA MUERTE DE DAVID, EL HERMANO DE MAIMÓNIDES

David fue, desde que llegaron a Fustat hasta su muerte, el auténtico sostén económico de la familia. Mientras David vivió, Maimónides pudo dedicarse a actividades más contemplativas vinculadas a la reflexión religiosa, a la filosofía o a la formación como médico. Esta estructura familiar era bastante frecuente en el mundo judío y lo sigue siendo. Así, un individuo se dedicaba al negocio familiar y otro podía estudiar, ya fuera el Talmud, ya la Torá, ya fueran otras cuestiones vinculadas a la reflexión y el pensamiento.

De las vicisitudes de David en su último viaje sabemos porque milagrosamente se ha conservado una carta que este escribió a su hermano poco antes de embarcar para la India y que se conservó en la Genizá de El Cairo. David inició su peregrinar dirigiéndose a Qus, una ciudad mayoritariamente cristiana que estaba a unos seiscientos kilómetros al sur de Fustat. Había llegado a esta ciudad por barco, a lo largo del río Nilo. Esta ciudad era un destino obligado porque unía las rutas que iban de Fustat hasta el mar Rojo y, de aquí, se podían alcanzar los puertos del este de África, la India y extremo oriente. Lo habitual en estas aventuras comerciales era llevar un compañero de viaje, en el caso de David, su compañero de viaje se llamaba Ma'ani. Un poco más al sur de Qus, David y Ma'ani se pertrecharon de camellos, conductores, comida y agua. Ahora bien, en lugar de seguir el camino hacia el mar Rojo con la caravana principal, decidieron alejarse del grupo y tomar su propio camino, cuestión que supuso un inmenso error y se salvaron de milagro después de sufrir mil y un padecimientos. La ruta que siguieron se extendía durante casi quinientos kilómetros de desierto, terreno escabroso y montañas que se elevaban hasta los dos mil metros de altitud. Por fin llegaron a Aydhab, con su puerto profundo apto para naves de gran calado, que era un punto estratégico de todo el comercio con Arabia, la India e incluso China. La ciudad de Aydhab fue destruida en 1428 y desapareció de los anales de la historia, de ahí que sea muy difícil encontrarla en los mapas de nuestro tiempo.

Lo curioso es que, cuando David y Ma'ani estaban descargando su equipaje y sus posesiones en Aydhab, apareció la gran caravana con la que ellos habían previsto inicialmente viajar, aunque luego cambiaron de opinión. La caravana había sido atacada por bandidos, algunos viajeros habían sido heridos y otros habían muerto de sed, de modo que el destino de David y Ma'ani, si bien había sido también duro y penoso, tal vez no lo había sido tanto como el de la caravana principal.

David escribirá a su hermano precisamente por el motivo de que la caravana había sido asaltada. No quería que Maimónides se preocupara pensando que su hermano había estado entre las víctimas. Cuando la carta fue escrita, Maimónides tenía treinta y un años y su hermano David poco más de veinte. Nuestro pensador sentía un amor profundísimo por su hermano. Durante los años de exilio, persecución e incertidumbre, Maimónides había cuidado y protegido a su hermano pequeño, de ahí el tremendo apego que sentía por él.

En la carta, David explica a su hermano que no ha encontrado mercancías convenientes en el mercado de Aydhab, que solo había podido comprar un poco de índigo y que había decidido continuar su viaje por mar hasta la India. Consideraba que el viaje por mar sería mucho más sencillo y apacible que el terrible viaje por el desierto. Al final de la carta relata con detalle la lista de viajeros que lo acompañan en el barco y concluye diciéndole a su hermano que no se preocupe por la travesía, porque «quien me salvó del desierto y sus horrores también me salvará del mar» y que cuide de su esposa, la esposa de David. La carta se cierra con un fatalista dicho: «Lo hecho, hecho está». Ya no se supo nada más de David.

La decisión de asumir el rol de educador llevó a Maimónides a organizar sus ideas filosóficas de manera sistemática. Para poder explicar algo, uno debe tenerlo organizado. De esta manera, el cordobés elaboró una de las clasificaciones más eclécticas en la historia del pensamiento filosófico: la jerarquía entre sus diversas ramas. Esta jerarquía implica la determinación de cuáles disciplinas son las más relevantes y, por ende, cuáles deben someterse a otras. Es fundamental tener claro el orden de prioridades que cada pensador asigna a sus disciplinas para crear un marco esquemático que sitúe cada pieza de su doctrina en su lugar correspondiente.

En este contexto, Maimónides otorgó una posición preeminente a la metafísica, definida como el estudio de lo que trasciende lo físico, lo visible y lo perceptible. Esto incluye la necesidad de la existencia de Dios, sus atributos y la posibilidad de que Dios haya creado el cosmos a partir de la nada, entre otros conceptos. Su enfoque se alinea con una tradición arraigada en el pensamiento aristotélico, la cual había sido interrumpida durante siglos por la influencia de las denominadas «filosofías helenísticas». Estas escuelas filosóficas, que surgieron durante la expansión del Imperio macedónico en el siglo IV a. C., como el escepticismo y el epicureísmo, colocaron la ética en el pináculo de la filosofía. Desde esta perspectiva, el conocimiento del mundo (física) o del lenguaje (lógica) eran disciplinas auxiliares para responder, en última instancia, a la pregunta moral esencial: «¿Cómo debo comportarme?». Así, las reflexiones metafísicas que Platón y Aristóteles habían dedicado en gran medida a sus obras quedaban en segundo plano. El éxito de las doctrinas helenísticas entre los romanos durante la época imperial fortaleció este carácter «antimetafísico» de la filosofía. Sin embargo, a través de la fusión del pensamiento platónico y cristiano, y la difusión del aristotelismo entre filósofos árabes y judíos como Maimónides, se logró gradualmente invertir este equilibrio y devolver la preeminencia a la metafísica.

Ahora bien, considerar la metafísica como conocimiento supremo presupone un camino previo de saberes. Maimónides desaconsejaba enérgicamente abordar el estudio de esta disciplina sin una sólida preparación. Enfrentarse a una materia tan sutil y profunda sin la instrucción adecuada representaría un riesgo, ya que la inteligencia debe ser cultivada. No todos los individuos poseen una inteligencia capaz de alcanzar las alturas más elevadas de la comprensión, de la misma manera que no todos tienen la estructura muscular y ósea para convertirse, con la debida preparación, en deportistas de élite. Incluso aquellos con las condiciones necesarias deben ejercitar y desarrollar su inteligencia. Pretender abordar el estudio de la metafísica sin la debida preparación sería equivalente a entrar al estadio olímpico sin haber llevado a cabo un programa de entrenamiento arduo y extenso.

¿Cuáles son estos ejercicios previos necesarios para cultivar la metafísica? Maimónides identificó tres: en primer lugar, la lógica, seguida de las matemáticas y la física. La lógica se presenta como la base de esta preparación, ya que proporciona las reglas de validez para cualquier razonamiento, permitiendo discernir si un argumento está bien formulado o si, por el contrario, es defectuoso o falaz. Es una herramienta esencial para abordar el desarrollo de cualquier argumentación filosófica. Lo que la lógica es al lenguaje, las matemáticas lo son al orden natural. A través de las matemáticas, el ser humano mide, calcula y predice el comportamiento de la naturaleza. Son una herramienta fundamental en la filosofía de Maimónides, que no cuestiona la información proporcionada por los sentidos. Finalmente, el estudio de la física se concibe como el examen de la naturaleza más profunda, las cuestiones que atañen, por ejemplo, al cambio, al movimiento, al tiempo, entre otros. Así, podemos afirmar que, para Maimónides, lógica, matemáticas y física tendrían un valor propedéutico de cara al estudio de la metafísica.

EL TORTUOSO CAMINO DEL CONOCIMIENTO

Sin embargo, a pesar de todas estas precauciones y sugerencias propedéuticas, el acceso al conocimiento metafísico de las realidades últimas no se extiende a todos por igual. La verdad presenta distintos caminos de entrada según las habilidades individuales de cada persona. Es por esta razón que la práctica de la filosofía, específicamente en su disciplina más elevada, la metafísica, debería reservarse para unos pocos. La mayoría de la población solo tendrá acceso a la verdad en la medida en que esté familiarizada con los textos revelados y deposite su fe en ellos. Maimónides estableció cinco razones notables en *Guía de perplejos* para desaconsejar la aproximación directa a la metafísica. El primero de estos motivos radica en lo que él denominó «la dificultad intrínseca de la materia, su sutileza y profundidad». Con una riqueza de metáforas, el filósofo cordobés añadió: «Quien es hábil en la natación recoge perlas desde el fondo del océano, pero quien no lo es, se ahoga en el intento». El segundo motivo se centra en que «la inteligencia humana no posee, inicialmente, su perfección final; más bien, la perfección yace en ella en potencia, estando en su origen desprovista del acto». La introducción de las expresiones «en potencia» y «en acto» conecta directamente con una perspectiva finalista de raíz aristotélica, en la cual todo en la realidad tiende hacia un fin: la semilla busca convertirse en fruto, los seres humanos aspiran a la felicidad, y así sucesivamente. La tercera razón presentada por Maimónides no es sino una constatación de que la mayoría de las personas carece de la constancia necesaria para profundizar en las disciplinas previas a la metafísica (las ya mencionadas lógica, matemáticas y física); disciplinas más que necesarias, esenciales, ya que «no hay otra forma de percibir a Dios que a través de sus obras». Este argumento revela una característica destacada del pensamiento de Maimónides: en principio, y salvo excepciones como los milagros, las conclusiones más elevadas sobre la realidad divina deben basarse en la realidad física o al menos no contradecirla. En otras palabras, la construcción metafísica no es una erudición elevada en el vacío de suposiciones abstractas, sino que debe ir acompañada de la observación y el estudio de la realidad proporcionada por los sentidos. El cuarto motivo posee una dimensión psicológica y moral, ya que las nociones más elevadas solo son alcanzables por aquellos que han logrado «la calma y la imperturbabilidad, la humildad y el control de su propio temperamento». Maimónides estaba particularmente pensando en los jóvenes, para quienes resulta especialmente difícil gestionar la agitación del cuerpo y las fluctuaciones del corazón. Esto conduce a la quinta y última razón por la cual el estudio de la metafísica no está al alcance de todos. En este caso, se trata de un factor estrictamente material: «Las ocupaciones impuestas por las necesidades corporales», esto es, la necesidad de buscarse la vida, recordemos el clásico *primum vivere, deinde philosophari*.

Maimónides consideró la multiplicidad de demandas que la vida impone al ser humano para garantizar que él y su familia puedan alimentarse, vestirse y tener un refugio, o sea, atender a las necesidades básicas. El filósofo señaló así una problemática que ya preocupaba a los antiguos y que se convertiría en un tema recurrente en la Edad Media: la incompatibilidad entre la teoría y la práctica, entre la vida contemplativa y la vida activa. En última instancia, la necesidad de mantener una distancia prudente respecto a las demandas sociales y los compromisos familiares para llevar a cabo una existencia verdaderamente filosófica. La falta de este distanciamiento y el intento de conciliar la filosofía con la vida práctica en un equilibrio frágil, según Maimónides, resulta en que muchas personas, incluso aquellas dotadas para el estudio, se vean obligadas a conformarse con una mezcla confusa de ideas falsas y verdaderas, es decir, con una ciencia imperfecta.

Este recorrido por las disciplinas propedéuticas que conducen a la metafísica, a saber, las ya mencionadas lógica, matemáticas y física, junto con las restricciones que Maimónides impuso al libre acceso a su estudio, presuponen una conexión entre esta materia y lo que el judaísmo medieval consideraba uno de los términos más destacados para describir la experiencia mística: la *merkaba*. Literalmente, *merkaba* significa «carro», y se utiliza para referirse a la antigua tradición de literatura mística judía. Su origen se remonta al pasaje del primer capítulo del libro bíblico de Ezequiel, donde se describe la visión de Dios por parte del profeta Ezequiel, montado en un majestuoso trono con ruedas. La identificación entre la metafísica como disciplina filosófica de origen griego y la *merkaba* de origen judío tiene importantes implicaciones filosóficas. La tradición de la *merkaba* se desarrollará hasta llegar a la literatura mística del judaísmo, género en el que se tratarán temas relacionados con el misticismo, la ascensión espiritual y la conexión con lo divino. En cierto modo, se podría considerar que en esta intersección entre la metafísica y la *merkaba* reside el núcleo y la apuesta más arriesgada del pensamiento de Maimónides. La influencia duradera del autor cordobés a lo largo de los siglos se debe, sin duda, al éxito de su enfoque.

LA GENIZÁ DE EL CAIRO

La Genizá de El Cairo, situada en la sinagoga Ben Ezra en el antiguo barrio judío de Fustat, ha sido uno de los hallazgos más significativos para la historia judía, la filología semítica y el estudio interreligioso del Medio Oriente medieval. Una genizá, en la tradición judía, es un depósito de textos que ya no son utilizables, pero que contienen el nombre de Dios o tratan temas sagrados, y, por lo tanto, no pueden ser desechados de manera común. Estos documentos deben ser almacenados en un lugar sagrado hasta que puedan ser enterrados apropiadamente.

La importancia de la Geniza de El Cairo trasciende su función tradicional.

Descubierta en el siglo XIX, alberga aproximadamente trescientos fragmentos de manuscritos que datan desde el siglo VII hasta el XIX, ofreciendo una ventana única al pasado de la comunidad judía y al mundo islámico en el que coexistía. Entre estos fragmentos, se encuentran obras de gran valor histórico y cultural, incluidos textos originales de Maimónides. La Geniza de El Cairo ha revelado manuscritos autógrafos de Maimónides, incluyendo borradores de su trabajo, correspondencia personal y documentos que reflejan su vida cotidiana y profesional. Estos hallazgos son preciosos, ya que proporcionan una visión más íntima y detallada de su pensamiento, prácticas y el entorno en el que vivió. A través de estos textos, se puede apreciar la profundidad de su erudición, su dedicación a la ley judía y su enfoque pragmático en la medicina.

Además de su significado para el estudio de Maimónides, la Geniza de El Cairo es un tesoro para los historiadores y filólogos, ya que contiene documentos comerciales, literarios, y cotidianos de la vida judía y del intercambio cultural entre musulmanes, cristianos y judíos en el Medio Oriente medieval. Estos documentos incluyen cartas, contratos matrimoniales, registros comerciales, y una amplia gama de literatura religiosa y secular. Su análisis ha permitido reconstruir aspectos de la vida social, económica, religiosa y cultural de la época con un nivel de detalle sin precedentes.

El estudio de la Geniza ha revolucionado la comprensión de la historia medieval, demostrando la interconexión de las comunidades judías con sus vecinos musulmanes y cristianos, y ofreciendo una perspectiva más matizada de la coexistencia interreligiosa. La preservación y el estudio continuo de estos documentos no solo honran la memoria de Maimónides y de las comunidades judías del pasado, sino que también sirven como un recordatorio del rico contexto cultural que caracterizaba al Medio Oriente medieval.

LA EPISTEMOLOGÍA DE MAIMÓNIDES

La importancia del pensamiento de Aristóteles en Maimónides queda explicitada a través del conjunto de conocimientos presentado anteriormente y ello implica una concepción del saber que reinterpretó en un contexto judío los principios del Estagirita y que, muy probablemente, Maimónides había recibido a través del pensador árabe Avicena. El punto de partida consistió en reconocer la razón humana como una herramienta esencial para alcanzar la plenitud del conocimiento. Esta aceptación inicial ya presupone una postura polémica frente a aquellos que solo están dispuestos a confiar en la autoridad de las Escrituras o la tradición y que eran un grupo muy numeroso en el ambiente intelectual en el que le tocó vivir a nuestro autor. El conocimiento no puede reducirse a la aceptación sin cuestionamientos de argumentos de autoridad; más bien, requiere una participación activa mediante el análisis, la observación y la argumentación.

Un hombre de conocimiento árabe (¿Avicena?). Pintura al óleo de un pintor napolitano, siglo XVII. Fuente: Wellcome Collection.

El viejo interrogante sobre el conocimiento humano, que nació prácticamente a la par que la reflexión filosófica, plantea cuestiones fundamentales. ¿Cómo se produce el conocimiento? ¿Cuáles son los medios que nos dan acceso cognoscitivo a la realidad? ¿Cómo podemos estar seguros de lo que percibimos? ¿Se puede alcanzar alguna certeza? Responder a estas preguntas implica, ineludiblemente, adoptar una concepción específica de la antropología, o sea, exige responder de alguna manera a la pregunta sobre qué es el ser humano. En el caso de Maimónides, todo este planteamiento supone incluso una cosmovisión que permita establecer una relación entre la facultad intelectual humana y el intelecto divino, considerado como el nivel supremo y perfecto de conocimiento. El filósofo cordobés abrazaba una visión dualista de la naturaleza humana, que la concebía como compuesta simultáneamente por un componente material, el cuerpo, y otro de naturaleza inmaterial, el alma. El alma humana, en particular, se distingue por haber sido dotada de razón, siendo así un alma racional. Esta característica, otorgada exclusivamente al ser humano por voluntad divina, lo sitúa en una posición intermedia entre lo divino y lo terrenal. En las palabras de *Guía de perplejos*:

> Si consideras tu sustancia y la de las esferas celestes, de los astros y de las inteligencias separadas, reconocerás la verdad y te darás cuenta de que el hombre es el ser más perfecto y noble nacido de la materia, pero que, comparado con el ser de las esferas y más con el de las inteligencias separadas, es muy poca cosa.

Este breve extracto encapsula la esencia de la cosmología de Maimónides. Por debajo de los seres humanos, se encuentra la materia, con o sin vida, pero carente de alma. Por encima del ser humano, Maimónides concibe una jerarquía de seres que ascienden progresivamente hasta llegar a Dios. En una vertiente mística, estos seres son comparados con ángeles; en un contexto filosófico, constituyen las llamadas «inteligencias separadas» mencionadas en el fragmento citado. Estas inteligencias son diez en total, una para cada tipo de cuerpo celeste que, según la cosmología aristotélica, se encuentra por encima del mundo terrenal. Por lo tanto, hay una «inteligencia separada» asociada a las esferas celestes, otra a las estrellas fijas, una para cada uno de los siete planetas y, finalmente, una para el intelecto activo. La conexión entre estas «inteligencias separadas» y los cuerpos celestes intenta resolver el problema del movimiento de los astros y de cualquier cambio en general. Maimónides partía de la premisa de que Dios no movía las cosas mediante contacto directo, sino a través de la acción de estas inteligencias separadas o ángeles, que se encontraban cerca de Él y eran responsables de cualquier cambio o movimiento que ocurriera tanto en el mundo supralunar (el de los astros) como en la Tierra. Ahora bien, ¿qué significa exactamente este «intelecto activo» recién mencionado? Maimónides introdujo esta noción para abordar el problema de cómo se genera el conocimiento humano. Tomemos, por ejemplo, la percepción de un árbol, uno de los casos que el autor utilizó en *Guía de perplejos*. Cuando decimos «se ve un árbol», los sentidos no captan directamente el concepto de «árbol»; en cambio, captan propiedades sensoriales como el tamaño, el color y la textura. El concepto «árbol» no es una percepción sensorial, sino el resultado de un proceso intelectual. Se agrupan todas las características sensoriales percibidas y se les asigna un nombre genérico: «árbol». Aunque estas operaciones de abstracción se realicen constantemente, no hacen que el proceso sea más comprensible. ¿De dónde proviene la noción de árbol en el intelecto humano si los sentidos no se la han proporcionado?

Maimónides postuló que el intelecto tiene una capacidad «en potencia» para abstraer conceptos, pero no puede generarlos por sí mismo. Deben provenir de fuentes externas. Aquí es donde entra en juego el intelecto activo como una de esas «inteligencias separadas» que emanan de Dios y mueven el intelecto, transformando lo que era solo una capacidad potencial en conocimiento efectivo. Sin la colaboración del intelecto activo, el intelecto humano estaría sumido en la oscuridad. Metafóricamente, el intelecto activo se asemeja a la luz que ilumina los objetos, revelando en ellos propiedades cromáticas. Aunque los objetos ya poseen color, este solo se hace evidente con la acción de la luz. De manera similar, el intelecto tiene la capacidad de obtener conocimiento del mundo que lo rodea, pero requiere ser iluminado por el intelecto activo para que este conocimiento se haga efectivo.

Maimónides distinguió técnicamente tres estados de la inteligencia humana según su relación con el conocimiento: en primer lugar, el intelecto material, que es la disposición para abstraer formas, distinguirlas y separarlas mentalmente; en segundo lugar, el intelecto en acto, que comprende aquello por lo que una cosa es lo que es, una vez se abstrae la forma de la materia y con la ayuda del intelecto activo; y en tercer lugar, el intelecto adquirido, que es el intelecto en acto convertido en propiedad del ser humano, una vez que las formas inteligibles están presentes en su inteligencia de manera permanente, permitiéndole elevarse al conocimiento de las «inteligencias separadas» por una parte, y de Dios por otra.

Como se mencionó anteriormente, Maimónides destacaba el carácter racional del alma humana, pero esta facultad es solo una entre las diversas capacidades con las que está dotada. Estas capacidades se pueden clasificar en las siguientes categorías: racional, nutritiva, sensitiva, imaginativa y apetitiva. La facultad nutritiva del alma supervisa las acciones del cuerpo relacionadas con la obtención y procesamiento de alimentos, como la digestión, la evacuación y la separación de sustancias aprovechables de las que deben ser expulsadas. La facultad sensitiva abarca los cinco sentidos externos (vista, oído, tacto, gusto y olfato), mientras que la imaginativa permite retener y fijar las imágenes de los objetos captadas por los sentidos. Además, esta facultad realiza combinaciones que pueden generar imágenes no presentes en la realidad y actúa como una memoria de las imágenes, conservando recuerdos visuales. La actividad más intensa de la imaginativa ocurre cuando los sentidos están en reposo. Respecto a la facultad apetitiva, implica la capacidad del alma para desear o rechazar, dando origen a pasiones humanas como el amor, la ira o el temor, entre otras. Todas las partes del cuerpo colaboran en esta actividad. Por último, está la mencionada facultad racional, que distingue al ser humano y eleva al alma a una posición superior. Gracias a ella, es posible conocer, reflexionar, discernir entre lo útil y lo inútil, y utilizar un lenguaje articulado.

En la filosofía de Maimónides, la intuición intelectual que caracteriza a esta facultad del alma no se limita a ser simplemente un reflejo de un proceso de conocimiento; también posee dimensiones morales y, de manera aún más destacada, místicas. La presencia constante del intelecto activo, de origen divino, refleja la presencia incesante y colaborativa de Dios. El filósofo expresó este concepto de la siguiente manera en *Guía de perplejos*:

> Quien aspire a alcanzar la perfección humana y ser verdaderamente un hombre de Dios debe internalizar la idea de que el rey supremo que le acompaña y se une a él constantemente supera en grandeza a cualquier persona humana. Este rey que se une y acompaña al individuo es el intelecto que se derrama sobre nosotros, actuando como el vínculo entre nosotros y Dios. Así como nosotros percibimos al intelecto a través de la luz que Él irradia, del mismo modo, Él nos observa y está siempre con nosotros, envolviéndonos con Su mirada.

Este fragmento nos ofrece una visión intrigante y profunda sobre la relación entre el hombre, el intelecto y Dios y resulta muy esclarecedor a la hora de entender la posición de Maimónides. Aquí se destaca la búsqueda de la perfección humana y la aspiración a ser verdaderamente un «hombre de Dios». A través de una metáfora, Maimónides presenta a Dios como un «rey excelso» que acompaña y se une constantemente al individuo que busca la perfección. La metáfora empleada revela una conexión íntima entre el ser humano y el intelecto divino. Según Maimónides, este «rey excelso» es el intelecto que se derrama sobre nosotros, actuando como el vínculo que conecta al individuo con Dios. La idea central es que el intelecto no solo es una herramienta cognitiva, sino también una manifestación divina que conecta al hombre con lo trascendental. La referencia a la luz es particularmente evocadora. El intelecto se presenta como una luz que ilumina y permite la percepción tanto del hombre hacia Dios como de Dios hacia el hombre. Esta simetría en la percepción destaca una relación recíproca y armoniosa entre el individuo y lo divino.

La noción de que Dios nos observa constantemente, envolviéndonos con su mirada, sugiere una presencia divina constante y un cuidado amoroso hacia la humanidad. La metáfora de la mirada divina refleja la atención, la guía y la conexión espiritual que Maimónides atribuye al intelecto como un intermediario entre el hombre y Dios. Así, la acción de la facultad racional del alma por sí sola no es suficiente para alcanzar un conocimiento completo, según Maimónides. Para lograrlo, exige la colaboración de las facultades racional e intuitiva. La imaginación y el intelecto deben trabajar juntos para otorgar al ser humano una inteligencia humana completa y plena. En *Guía de perplejos*, el filósofo advierte:

> Debes saber que, si tal emanación del intelecto activo se derrama únicamente sobre la facultad racional, excluyendo a la imaginativa, entonces, se trata de la categoría de los sabios especulativos. Por otro lado, si tal emanación se difunde simultáneamente sobre ambas facultades, es decir, la racional y la imaginativa, al igual que algunos filósofos, entonces pertenecerá a la categoría de los profetas.

El uso del término «emanación» en el fragmento citado resulta notablemente cercano a la terminología del neoplatonismo, a pesar de que Maimónides se basara principalmente en las ideas aristotélicas. «Emanación» se refiere al proceso mediante el cual la realidad suprema y la inteligencia máxima, es decir, Dios, da origen a los distintos niveles de realidad que están por debajo de Él (inteligencias separadas, esferas celestes, astros, etc.). Aunque la utilización de este término por parte de Maimónides no sea completamente equivalente a la de los neoplatónicos como Plotino o Porfirio (ambos del siglo III d. C.), el filósofo hebreo se distancia significativamente de Aristóteles. Esto es particularmente evidente en su concepción creacionista, que contrasta con la visión aristotélica del mundo y destaca como una de las discrepancias más notorias entre ambos pensadores.

Dicho con otras palabras, no es baladí que Maimónides introdujera el concepto de «emanación» en su obra, un término que, aunque presentaba similitudes con la terminología del neoplatonismo, como hemos indicado, se diferencia en su contexto y aplicación. La emanación, en este contexto, se refiere al proceso mediante el cual Dios, la realidad suprema e inteligencia máxima, da origen a diferentes niveles de realidad que existen por debajo de Él. Estos niveles incluyen las inteligencias separadas, las esferas celestes, los astros y demás. La noción de emanación implica una conexión intrínseca entre Dios y la creación, donde la realidad fluye de la fuente divina hacia niveles sucesivos de existencia. Aunque, insistimos, el término puede resonar con ideas neoplatónicas, Maimónides lo incorpora para expresar su perspectiva única sobre la relación entre Dios y el cosmos.

Maimónides se distancia aquí de Aristóteles en términos de creacionismo. Mientras que Aristóteles postulaba una visión de la eternidad del mundo, argumentando que el universo siempre ha existido y no fue creado en un momento específico, Maimónides abraza una perspectiva creacionista. Para Maimónides, Dios es la causa primera y creadora de todo lo que existe. La emanación, en su enfoque, sugiere un flujo continuo y dinámico de la divinidad hacia el mundo, pero este proceso tiene un inicio definido, marcando la creación *ex nihilo*.

En contraste, Aristóteles mantenía una postura más estática sobre el cosmos, considerándolo eterno y sin un acto de creación específico. La filosofía aristotélica implicaba que el mundo era una expresión necesaria de la existencia y no el resultado de una voluntad divina que decidía crearlo. Entre otras razones porque para los griegos resultaba impensable una creación *ex nihilo*. Al fin y al cabo, fueron los filósofos griegos los que acuñaron la sentenciosa frase que luego los romanos traducirán como «ex nihilo, nihil fit», esto es, «de la nada, nada surge».

La discrepancia entre Maimónides y Aristóteles en este aspecto refleja la independencia intelectual de Maimónides y su habilidad para integrar elementos de diversas tradiciones filosóficas, como el neoplatonismo, para desarrollar su propia cosmovisión. Maimónides, a pesar de su admiración por Aristóteles, no dudó en apartarse de sus ideas cuando consideraba necesario, demostrando así su originalidad y su compromiso con su perspectiva única.

MAIMÓNIDES Y ARISTÓTELES

La filosofía de Maimónides, en diversos aspectos, se inspira en la de Aristóteles. Maimónides reconocía en Aristóteles el máximo exponente del razonamiento independiente. Además, fue influenciado por filósofos islámicos como Averroes y Avicena, cuyas ideas estaban profundamente arraigadas en el aristotelismo. Aunque su pensamiento incorporó elementos del platonismo, Maimónides adoptó y adaptó conceptos y categorías filosóficas de Aristóteles, aplicándolos de manera única y personal. Esto se refleja en temas como la libertad de voluntad, crucial para Maimónides por su relevancia en la observancia de los mandamientos, y en su interpretación de las virtudes, donde difiere de Aristóteles al enfocarse en la santidad.

Maimónides se desvía de Aristóteles en sus concepciones sobre la creación, revelación y redención, integrando estas ideas aristotélicas con sus propias creencias. El aristotelismo que encontró Maimónides ya había sido reinterpretado por comentaristas árabes, quienes mezclaban a menudo las ideas de Platón y Aristóteles, dando lugar a lo que podría denominarse «aristotelismo neoplatónico», aunque la expresión pueda parecer *a priori* contradictoria. En la obra de Maimónides, se evidencia tanto la influencia platónica como la aristotélica.

Maimónides sostenía que la Torá albergaba sabiduría filosófica y que el entendimiento más completo de ella era de naturaleza filosófica. Así, creación, revelación y redención constituían el núcleo de su comprensión de la realidad. En *Guía de perplejos*, argumenta que la eternidad del mundo no puede demostrarse. Tras un análisis detallado, concluye que la eternidad del mundo ni se prueba ni se refuta, llevándonos a confiar en la revelación más que en una fe dogmática. Así, a través de un estudio minucioso de la Torá, llegamos a la creencia en una primera causa creadora y providencial. La relación entre la humanidad y esta primera causa, según Maimónides, difiere significativamente de la visión aristotélica.

Para Maimónides, el mundo es el resultado de un acto creativo libre, no de una emanación necesaria como en las teorías neoplatónicas. Si bien la emanación juega un rol en su concepción del orden mundial, enfatiza la creación *ex nihilo* por Dios, cuestión que resultaba inasumible por parte del pensamiento griego, para el que la creación siempre debería partir de algo, aunque fuera un caos primigenio origen de todo. La existencia misma de las cosas, en su visión, refleja la gracia divina más que una necesidad metafísica. Las relaciones entre intelectos, causalidad, agencia y emanación son intrincadas en el pensamiento de Maimónides, quien sostiene que Dios es la primera causa, creador libre del mundo y su sostén.

Aristóteles, a diferencia de Maimónides, veía la existencia del mundo como necesaria y no como producto de un acto de creación divina. Para Aristóteles, la primera causa no ejerce su influencia creando el mundo *ex nihilo* o de una materia preexistente. Tampoco veía el mundo como emanación de la primera causa, ni su existencia como contingente a la voluntad divina (contingente, en terminología filosófica, significa «no necesario»).

En la filosofía de Maimónides, la creación es fundamental porque se considera que la primera causa trae al mundo a la existencia a través de la benevolencia y la sabiduría. El estudio del orden creado nos permite ampliar nuestro entendimiento de Dios. La revelación es crucial porque significa asistencia divina hacia la humanidad, ofreciendo guía hacia la perfección, incluyendo el arrepentimiento y el retorno a Dios tras pecar. La redención, vista como el punto culminante de la providencia, indica que el orden creado está bajo la gobernanza divina, asegurando una justicia «cósmica». Aunque no comprendamos completamente la sabiduría y bondad del orden creado, podemos confiar en su gobernanza por la razón y justicia divinas.

¿QUÉ SE PUEDE CONOCER?

La mente humana, a pesar de su racionalidad y cercanía a lo divino, enfrenta límites insuperables. Existen verdades fuera del alcance de nuestra comprensión, ya sea por autolimitaciones impuestas, ya sea por la ausencia de medios adecuados para su entendimiento. Por ejemplo, el número exacto de estrellas, animales, plantas y minerales en nuestro mundo permanece oculto. Asimismo, ciertos conocimientos anhelados han sido objeto de estudio y debate por pensadores de diversas creencias a lo largo de la historia, generando más incertidumbres que certezas. Estos filósofos, impulsados por su sed de saber, creían haber encontrado la ruta hacia la verdad, aunque sus razonamientos no siempre encontraban pruebas irrefutables.

Maimónides identificó la limitación del lenguaje como una barrera en el camino del conocimiento. Él entendía que su sabiduría emanaba de una combinación de razón discursiva, que facilitaba el pensamiento lógico, y razón intuitiva, que proporcionaba perspectivas e intuiciones necesarias para razonar y expresar sus ideas. Sin embargo, reconocía que el lenguaje, en su incapacidad para describir con precisión ciertas realidades complejas, se tornaba ambiguo. Para él, las metáforas y parábolas eran manifestaciones claras de estas limitaciones humanas. En su correspondencia con José ibn Aknin, el que fuera uno de sus discípulos dilectos y a quien dedicó *Guía de perplejos*, Maimónides destacó que, sin el uso de figuras retóricas, las explicaciones de conceptos profundos resultarían tan crípticas como las metáforas mismas. Por ello, propuso el uso de lenguaje simbólico y un sistema de equivalencia semántica como solución, tanto en la interpretación de textos sagrados como en la explicación de sus propias obras.

Otro aspecto que Maimónides consideró un obstáculo para el conocimiento absoluto era la naturaleza efímera de las verdades que, aunque perceptibles, no son constantes. Incluso una persona con un alto grado de iluminación se encuentra obstaculizada por lo material y los hábitos, que actúan como barreras adicionales. La materia, según Maimónides, puede impedir la plena adquisición del conocimiento, obstruyendo la contemplación de lo divino o la comprensión de la ciencia divina. Este pensador veía el cuerpo y sus necesidades biológicas y deseos como distracciones que dificultan la concentración necesaria para el conocimiento total.

Maimónides también reflexionó sobre otro tipo de conocimiento inalcanzable por su esencia. Pensaba en verdades metafísicas cuya complejidad y profundidad hacen imposible su acceso. A esto se suma la naturaleza humana: siendo el hombre una «criatura confusa» y distante de los cielos, se encuentra inherentemente limitado para acceder a ciertas esferas del saber.

EL PROBLEMA FILOSÓFICO DE LAS LIMITACIONES DEL LENGUAJE

La limitación del lenguaje como una barrera en el camino del conocimiento es un tema típicamente filosófico y poliédrico. El lenguaje, en su esencia, es el medio principal a través del cual los seres humanos nos expresamos y compartimos nuestros pensamientos, ideas y conocimientos. Sin embargo, a pesar de su inmensa utilidad y flexibilidad, el lenguaje tiene sus propias restricciones que, a menudo, pueden obstaculizar la comprensión y transmisión del conocimiento. Estas son algunas de las limitaciones clásicas:

Inadecuación y ambigüedad del lenguaje: El lenguaje, en muchas ocasiones, se queda corto para describir con precisión realidades complejas, especialmente en campos como la física cuántica, la metafísica o la experiencia espiritual o religiosa. Las palabras pueden ser inadecuadas para encapsular completamente conceptos que son abstractos o extremadamente complejos. Además, el significado de las palabras puede ser ambiguo o estar sujeto a interpretaciones diversas, lo que puede llevar a malentendidos o interpretaciones erróneas.

Lenguaje y percepción: Nuestra percepción del mundo está intrínsecamente ligada al lenguaje que utilizamos. La hipótesis de Sapir-Whorf, aunque debatida, sugiere que el lenguaje que hablamos puede influir o limitar nuestra forma de pensar y percibir la realidad. Si nuestro lenguaje carece de palabras para ciertos conceptos o experiencias, puede ser difícil para nosotros conceptualizar o darles importancia, lo que puede resultar un obstáculo para la comunicación intercultural.

Limitaciones culturales y lingüísticas: Diferentes idiomas y dialectos poseen palabras y frases únicas que pueden no tener equivalentes directos en otros idiomas. Esta diversidad lingüística, aunque enriquecedora, también puede ser una barrera en la comunicación y comprensión intercultural. Algunos conocimientos o experiencias pueden ser difíciles de transmitir fuera de su contexto lingüístico y cultural original.

Desarrollo y evolución del lenguaje: El lenguaje evoluciona constantemente, pero esta evolución puede no ser lo suficientemente rápida para mantenerse al día con los desarrollos en ciencia, tecnología y sociedad. Nuevos conceptos y realidades emergentes pueden tardar en ser integrados en el lenguaje común, retrasando la difusión y comprensión general del conocimiento.

Símbolos y metáforas: Para superar algunas de estas limitaciones, el lenguaje a menudo recurre al uso de símbolos y metáforas. Si bien estas herramientas pueden ser poderosas para transmitir ideas complejas, también pueden ser fuente de malentendidos si no se interpretan correctamente. Las metáforas, en particular, son interpretativas por naturaleza y pueden conducir a diferentes comprensiones según la perspectiva del individuo.

El lenguaje en la era digital: En este mundo en el que vivimos, en plena era digital, la manera en que interactuamos con el lenguaje está cambiando rápidamente. El uso de jerga técnica, acrónimos y lenguaje abreviado en plataformas digitales puede ser excluyente y crear barreras para aquellos no familiarizados con estos modismos.

Aunque el lenguaje es una herramienta esencial para la comunicación del conocimiento, sus limitaciones pueden actuar como barreras significativas en la comprensión y transmisión de ideas complejas y abstractas. Reconocer y abordar estas limitaciones es crucial para mejorar nuestra capacidad de compartir y expandir el conocimiento a través de las barreras culturales, lingüísticas y conceptuales.

Maimónides identificó ciertos rasgos y comportamientos humanos que, según él, representan obstáculos significativos en la búsqueda de la verdad. Estos incluyen la soberbia y la arrogancia, que a menudo nublan el juicio y la percepción; la ignorancia y la limitación en la comprensión, que impiden discernir lo comprensible de lo incomprensible; y las influencias de la costumbre y la educación, que predisponen a las personas a adherirse ciegamente a las creencias arraigadas desde la infancia. Estas tendencias, según Maimónides, conducen a una aceptación acrítica de las opiniones comunes y a un rechazo instintivo de ideas contrarias. Todo esto se plantearía como un agregado a la propia dificultad de conocer la realidad que nos rodea.

Esta inclinación hacia lo familiar y lo cómodo se extiende también a las interpretaciones religiosas y teológicas. Maimónides expresó su preocupación por cómo, debido a la familiaridad y la repetición, las personas pueden interpretar literalmente textos bíblicos que deberían ser entendidos de manera figurativa o metafórica. Esta práctica conduce a concepciones erróneas, pero firmemente arraigadas.

A pesar de reconocer estas barreras hacia el conocimiento absoluto, Maimónides no se desalentó. Adoptó una actitud de aceptación sabia y equilibrada. Entendía que, aunque los sentidos son una fuente vital de conocimiento, forzarlos más allá de sus capacidades naturales puede resultar contraproducente. Por ejemplo, forzar la vista para ver algo demasiado lejano o detallado puede deteriorar la capacidad visual general. Del mismo modo, en el ámbito intelectual, forzar la mente más allá de sus límites naturales puede llevar a la confusión y la pérdida de comprensión clara.

Maimónides creía que reconocer y respetar los límites de la capacidad intelectual humana es crucial. Argumentaba que, si uno evita la tentación de aceptar ciegamente lo que no puede ser demostrado o de esforzarse en vano por comprender lo incomprensible, podría alcanzar el más alto grado de perfección humana y vivir en paz con sus estudios e investigaciones. Por el contrario, forzar la mente más allá de sus límites naturales o rechazar lo que no se ha probado como imposible puede llevar a un predominio de ideas ilusorias y a malos hábitos de pensamiento, resultando en confusión e incluso desorientación mental.

Maimónides aconsejaba prudencia en la especulación y en la formación de opiniones. Sostenía que, frente a la duda o la falta de evidencia, es mejor suspender el juicio en lugar de rechazar precipitadamente una idea. Un verdadero sabio, según él, siempre debe ser consciente de los límites inherentes de la razón humana. Al reconocer y respetar estos límites, el individuo se libera de las pasiones que de otro modo podrían conducirlo a la infelicidad en la búsqueda de un conocimiento inalcanzable. Esta actitud humilde y reflexiva, concluía Maimónides, es el camino hacia un estado de ataraxia o imperturbabilidad de espíritu.

La perspectiva de Maimónides sobre la prudencia en la formación de opiniones y la necesidad de reconocer los límites de la razón humana muestra una interesante conexión con el escepticismo filosófico griego. El escepticismo, tal como fue desarrollado en la filosofía griega, se centraba en la idea de que la verdadera certeza en el conocimiento es difícil, si no imposible, de alcanzar. Esta escuela de pensamiento abogaba por la suspensión del juicio (epoché) en presencia de la duda y la falta de evidencia concluyente, un concepto que parece resonar profundamente con las enseñanzas de

Maimónides. En cierto modo, podríamos señalar algunas similitudes con el escepticismo griego en cuestiones como la suspensión del juicio o epoché. Tanto en Maimónides como en el escepticismo griego encontramos la idea de suspender el juicio en casos de incertidumbre. Esta suspensión es vista como una forma de evitar el error y la precipitación en la aceptación de creencias no fundamentadas. Es una postura de cautela intelectual que valora la duda y la indagación continua y esta cautela podría considerarse una característica del pensamiento de Maimónides. También se podría ver cierta similitud en el reconocimiento de los límites del conocimiento, que es precisamente la cuestión que estamos analizando en estas páginas. Maimónides enfatiza la importancia de reconocer los límites de la razón humana, lo cual es un principio central en el escepticismo griego. Ambos enfoques admiten que hay aspectos de la realidad y del conocimiento que están más allá de la comprensión completa del ser humano. Por otra parte, también la ataraxia o imperturbabilidad de espíritu podría estar presente como coincidencia entre el escepticismo griego y el pensamiento del autor de *Guía de perplejos*. Maimónides ve la aceptación de estos límites y la prudencia en la formación de opiniones como caminos hacia la ataraxia. Esta noción escéptica es un estado de tranquilidad mental alcanzado mediante la ausencia de preocupación por la indeterminabilidad del conocimiento.

A pesar de estas similitudes, también es importante reconocer las diferencias en los contextos y aplicaciones de estas filosofías. Maimónides, como erudito judío, estaba también profundamente enraizado en las tradiciones teológicas y buscaba armonizar la razón con la fe. Su enfoque estaba en cómo la razón y la fe pueden coexistir y complementarse, mientras que el escepticismo griego era más una exploración puramente filosófica sobre la naturaleza del conocimiento y la realidad. Y aunque existen diferencias fundamentales en los contextos y propósitos generales, la filosofía de Maimónides comparte ciertos paralelos importantes con el escepticismo filosófico griego. Ambas corrientes de pensamiento promueven una actitud de humildad intelectual y una apreciación por la complejidad y los límites del conocimiento humano, subrayando que esta actitud es crucial para alcanzar una forma de paz mental y equilibrio intelectual.

CAPÍTULO 3.
Los años en Fustat

Guárdate de poner una mordaza a tu boca y un freno a tu lengua.
Sabe que el Señor ha favorecido al hombre porque le ama por
encima de todas sus criaturas, con la cualidad del habla que es
deseable para comprender y buena para alabar al Señor, glorificarle
y contar sus maravillas; para meditar sobre la Torá, estudiarla y
enseñarla; para poner paz entre los hombres con el fin de unirlos.
Por eso no es recto sustituir el bien por el mal y hablar infamias,
mentiras y calumnias, esto es un pecado condenable.
Maimónides, Epístola a su hijo Abraham
(a modo de testamento).

RAZÓN Y FE: EL CAMINO HACIA LA VERDAD

Pocas veces se pueden encontrar referencias clásicas que glorifiquen el uso del habla, la libertad de la lengua para decir y convencer como la que hemos utilizado de Maimónides para que sirva de pórtico a este tercer capítulo. En la carta que escribió a su hijo Abraham al final de su vida, que suele ser interpretada por la crítica como un testamento vital, un Maimónides sexagenario hace un alarde de la palabra como herramienta para «poner paz entre los hombres».

En el capítulo anterior habíamos dejado a Maimónides instalado en Fustat desde el año 1166 y este será el lugar donde pasará el resto de sus días. Fustat, hoy en día, conforma parte de la zona vieja de El Cairo, en Egipto, como ya hemos explicado anteriormente. La llegada de Maimónides y su familia a este país marcó un periodo significativo en la historia, tanto para la comunidad judía como para la región en general. Esta afirmación tan rotunda se justifica porque será aquí donde nuestro pensador logrará culminar la mayor parte de las obras que le granjearán el éxito filosófico y, por ende, el lugar destacado en la historia intelectual que le corresponde por méritos propios. El periodo de tiempo en el que Maimónides vivió en Fustat coincidió con la ascensión al trono de Saladino, un líder de origen kurdo, quien jugó un papel crucial en la política del Medio Oriente durante el siglo XII. Saladino, conocido por su nombre completo al-Nasir Salah ad-Din Yusuf ibn Ayyub, ascendió al poder en un contexto de tensiones religiosas y conflictos territoriales.

Saladino, inicialmente un general bajo el mando de Nur al-Din, sultán de Siria, llegó a Egipto como parte de un contingente enviado para contrarrestar la amenaza cristiana, pues los cruzados ya se habían atrevido incluso a sitiar El Cairo. Tras una exitosa campaña y la muerte de su tío y predecesor, Shirkuh, Saladino se convirtió en visir y luego en sultán de Egipto, estableciendo la dinastía ayubí. Su ascenso no se detuvo allí: tras la muerte de Nur al-Din, Saladino expandió su dominio a Siria, unificando varios estados islámicos bajo su gobierno.

Saladino es recordado no solo por sus logros militares y políticos, sino también por su enfoque pragmático y tolerante hacia las diferentes comunidades religiosas. A pesar de ser un musulmán devoto, mostró respeto y apertura hacia las comunidades judías y cristianas en sus territorios. Bajo su gobierno, la comunidad judía en Fustat disfrutó de una relativa paz y estabilidad.

En este contexto, la vida y obra de Maimónides adquieren una dimensión adicional. Maimónides, convertido ya en un prominente filósofo, médico y rabino judío, encontró en Egipto, bajo el control de Saladino, un ambiente propicio para el desarrollo de sus ideas y trabajos. La tolerancia religiosa de Saladino permitió que Maimónides y otros eruditos judíos prosperaran, contribuyendo significativamente al pensamiento y la cultura judía.

La figura de Maimónides y su legado se entrelazan con el panorama político y cultural de la época, ilustrando cómo las interacciones entre diferentes comunidades y líderes pueden fomentar un ambiente de crecimiento intelectual y cultural. Su vida en Egipto, en paralelo al reinado de Saladino, es un testimonio de la rica historia del Mediterráneo medieval y de la interacción entre las tres grandes religiones monoteístas: judaísmo, cristianismo e islam.

Rey (Saladino de Egipto), de *Court Game of Geography*. [MET]

Este periodo es también un reflejo de la dinámica política, religiosa y social de la época, destacando la importancia del liderazgo y la diplomacia en la gestión de la diversidad religiosa y cultural. La época de Saladino, marcada por conquistas y unificación de territorios, también fue una era de coexistencia y tolerancia interreligiosa, un aspecto que resalta la relevancia de Maimónides y su trabajo en un contexto más amplio. La historia de Maimónides en Egipto bajo el reinado de Saladino es un recordatorio del potencial de la convivencia pacífica y el respeto mutuo entre diferentes culturas y religiones.

Así, durante su estancia en Fustat, Maimónides no encontró barreras para llevar a cabo sus actividades intelectuales y disfrutó de un ambiente de tranquilidad. Tras superar el trauma ocasionado por la pérdida de su hermano David, se dedicó completamente a sus escritos, clases y a la práctica de la medicina. Su renombre en el ámbito judío creció enormemente, hasta el punto de que recibía numerosas cartas en su residencia en Fustat, solicitando su orientación, en particular en temas de índole religiosa y existencial. Una de estas misivas provenía de Yemen, enviada por Rabí Jacob ben Netanel, líder espiritual de esa comunidad, quien compartía su angustia frente a la persecución que sufrían sus seguidores por parte de las autoridades locales, lideradas por opositores al sultán Saladino. Esta situación había llevado a algunos a renunciar a su fe, ya fuera por temor a perder la vida o por desilusión ante la demora en la llegada de un Mesías que parecía no llegar. La existencia misma de su comunidad estaba en juego, razón por la cual Rabí Jacob buscaba el asesoramiento de Maimónides. En su respuesta de 1172, el sabio de Córdoba instaba a los judíos de Yemen a mantenerse firmes en su fe y costumbres, ignorando a falsos mesías y evitando lecturas de la Torá que complacieran a las autoridades musulmanas, como aquellas que podrían interpretarse como si profetizaran la venida de Mahoma, el profeta del islam. Sus palabras, cargadas de consuelo, sabiduría y esperanza, fueron acogidas con fervor y contribuyeron a detener las apostasías. A esto se sumó la decisiva intervención de Saladino, quien, a instancias de Maimónides, tomó medidas a favor de los judíos de Yemen. Este fue uno de los primeros encuentros entre dos figuras que desarrollarían mutuo respeto y admiración. En 1174, las fuerzas de Saladino entraron en Yemen, poniendo fin a la insurrección. La *Epístola a los judíos de Yemen*, escrita originalmente en árabe y luego traducida al hebreo, se difundió rápidamente por el mundo judío, incrementando la reputación de Maimónides, quien en 1177 fue nombrado líder de la comunidad judía en Egipto, posición que sus descendientes mantendrían durante generaciones. A pesar de sus nuevas responsabilidades, continuó con sus estudios, investigaciones y escritos. En 1180, terminó la *Mishné Torá* o *Segunda Ley*, una obra en hebreo que compilaba leyes judías y presentaba un enfoque personal, alejándose de las tradiciones judías al no citar fuentes anteriores. Su objetivo era hacer accesible el conocimiento a personas sin formación especializada, dada la extensión, diversidad y complejidad de las interpretaciones existentes. Este esfuerzo pedagógico reflejaba el compromiso de Maimónides con la difusión del conocimiento. Aunque la obra fue criticada por omitir sus fuentes, obtuvo un rápido reconocimiento y se difundió por comunidades judías en todo el mundo, desde Palestina hasta Europa. No obstante, su trabajo más destacado estaba aún por venir. En 1191, Maimónides concluyó su obra magna: *Guía de perplejos*. Esta obra representa no solo el pináculo de su pensamiento, sino también de una corriente de racionalismo medieval, aplicado incluso a conceptos generalmente asociados con la fe, como la naturaleza de Dios.

EPÍSTOLA A LOS JUDÍOS DE YEMEN

Aunque ya hemos hablado someramente de esta carta en líneas anteriores, la importancia de la misma es de tal calibre que nos obliga a dedicar un apartado exclusivo a tratar con mayor detalle el origen y las características de esta epístola. En el año 1172, Maimónides, que llevaba seis años en Fustat, ya era una figura muy conspicua en la judería egipcia y ocupaba el cargo de jefe de los judíos desde el año anterior. Los judíos de Yemen le habían dirigido una carta en la que le pedían ayuda para aclarar cómo debían actuar frente a la presión que sufrían por parte de las autoridades musulmanas de aquel lugar y que les conminaban a convertirse al islam y apostatar de su fe judía o afrontar la muerte. En esta tesitura se habían producido multitud de conversiones de judíos que no podían soportar más esta situación. Maimónides responde con una carta que terminará convirtiéndose en uno de los escritos más conocidos y difundidos de nuestro autor y que escribirá, indudablemente, pensando en su propia situación cuando estuvo en Fez y, probablemente, se había visto obligado a convertirse al islam, aunque de eso ya se habla en otra parte de este libro.

Aunque la carta iba dirigida formalmente al Rabí Jacob ben Netanel, en realidad la destinataria era toda la comunidad judía de Yemen que sufría esas terribles persecuciones. Como la carta tenía, por lo tanto, pretensión de ser comprendida por todo el mundo, fue escrita en árabe y, tiempo después, traducida al hebreo y difundida prácticamente por todo el Mediterráneo.

Maimónides comienza la epístola indicando que todo el sufrimiento y la angustia que están sufriendo las comunidades de Israel formarían parte del plan divino y luego les asegura que el final de sus penalidades está más cerca de lo que creen. Nuestro autor afrontará la redacción de la carta con la misma actitud con la que un médico afronta la enfermedad de un paciente a través de una medicina. Mientras que el médico dispensará una medicina que será una cura para el cuerpo, Maimónides, a través de su carta a Yemen, está dispensando una medicina para el alma afligida de los judíos.

La carta afronta tres cuestiones diferentes que se habían presentado en contubernio contra los judíos de Yemen.

Primero fue la aparición de un Mahdi, una figura mesiánica para los musulmanes, en Yemen, que intentó obligar a todos los judíos que vivían en el territorio bajo su control a convertirse al islam. Segundo fue la aparición de un judío que había apostatado y se había convertido al islam y que trataba de convencer a los judíos de que en las Escrituras se hablaba de Mahoma y, por lo tanto, había que aceptar la figura de este como profeta. Y tercero, había aparecido un presunto mesías judío que había logrado que una multitud lo anduviera siguiendo allá donde fuera.

Maimónides trató con su carta de aliviar el sufrimiento de sus correligionarios de Yemen. La primera idea que les envió, la de que todo era parte del plan divino, perseguía hacer más fácil la aceptación de esta situación, ya que, aunque la carta no consiguiera paliar en lo más mínimo la situación real de los afectados, el hacerles pensar que formaban parte de un plan mayor podía hacer más sencilla de aceptar la situación y, a través de la abnegación y la resignación, mejorar la percepción de los judíos de Yemen. La explicación de todo este sufrimiento, según Maimónides en esta epístola, sería la de acrisolar y purificar al pueblo judío, de modo que solo los más honrados, piadosos y rectos de entre ellos serían los que sobrevivieran.

Al abordar las obras de Maimónides en el contexto moderno, nos enfrentamos a un reto no exclusivo de este pensador, sino característico de gran parte de la filosofía medieval, incluida la cristiana. Dicho reto es la dominante presencia de la figura de Dios y el uso de términos como «profecía» o «providencia», que hoy se categorizan dentro de la teología. Frente a las obras de nuestro autor, surge el interrogante de si debería ser considerado estrictamente un filósofo o más bien un teólogo. Esta pregunta es válida y requiere un análisis que se aparte de las perspectivas contemporáneas sobre el papel de lo divino en la filosofía.

Es crucial reconocer que la separación de Dios de la filosofía es un fenómeno reciente en la historia del pensamiento occidental. Antes del siglo XVIII y de la Ilustración, la filosofía estaba íntimamente ligada a la noción de divinidad. La filosofía griega y romana, por ejemplo, estaba impregnada de deidades. Los autores presocráticos frecuentemente incluían seres divinos, Sócrates fue acusado de tener sus propios espíritus frente al panteón olímpico propio de la polis, Platón asignó la creación del mundo a un demiurgo divino y Aristóteles elaboró un discurso teológico en su búsqueda de los principios últimos de la realidad. Incluso Epicuro, un materialista, aceptó la existencia de dioses, aunque argumentó que eran indiferentes a los asuntos humanos.

Los dioses de la era clásica no requerían la fe humana ni juzgaban las acciones humanas en la otra vida, a diferencia del Dios de Maimónides y el cristianismo, y no eran creadores ni poseían atributos como la omnipotencia o la eternidad. Sin embargo, la incomodidad con la presencia de Dios en la filosofía no parece derivar de las características específicas de las deidades, sino más bien del hecho de que, para pensadores como Maimónides, la razón asume la fe y esta se antepone a la razón, y esta es una de las claves de su posicionamiento filosófico y religioso.

El dilema aparente entre fe y razón, o entre teología y filosofía, que nos ocupa en este capítulo, se disuelve si dejamos de lado la falsa oposición entre filosofía y razón, por un lado, y teología y fe, por el otro. La realidad de autores como Maimónides muestra que fe y razón no son dos entidades que requieran conciliación, sino que son aspectos complementarios de un mismo proceso. Por lo tanto, intentar diferenciar entre los elementos teológicos y filosóficos en la obra de Maimónides resulta una tarea fútil. Es más productivo abandonar la división convencional entre filosofía y teología y considerar a Maimónides simplemente como un filósofo judío.

Desde esta perspectiva, toda su obra presupone la existencia de Dios. Al mismo tiempo, Maimónides se esfuerza por racionalizar los fundamentos de esta creencia, tanto como es posible. En este esfuerzo, su obra refleja la postura de un filósofo que aborda sin prejuicios y somete los contenidos de la fe judía a una crítica filosófica arraigada en la tradición griega. Así, Maimónides se establece no solo como una figura central en la filosofía judía, sino también como un puente entre la fe y la razón, desafiando las concepciones modernas de ambos campos. Maimónides, en su búsqueda por racionalizar los fundamentos de la fe judía, se embarca en un meticuloso esfuerzo para tender un puente entre la razón y la religión. A través de su obra, él no solo defiende la fe, sino que también se esfuerza por aplicar un riguroso análisis lógico y filosófico a sus principios. Este enfoque resulta una síntesis única de pensamiento teológico y racional, en la que Maimónides examina críticamente las Escrituras y las tradiciones, buscando armonizarlas con la razón. Su método va más allá de la aceptación ciega de los dogmas; en cambio, invita a un entendimiento más profundo y fundamentado de la fe. Al hacerlo, Maimónides no solo proporciona una base más sólida para las creencias religiosas, sino que también establece un modelo para la interacción entre la fe y la razón, demostrando que ambas pueden coexistir y enriquecerse mutuamente. Su trabajo no solo es un testimonio de su genio filosófico, sino también una guía perdurable para aquellos que buscan entender su fe a través de la lente de la razón.

LA *MISHNÉ TORÁ*

Entre el año 1168 y el año 1177, cuando nuestro autor apenas contaba con poco más de treinta años, escribió una obra monumental que lo convirtió en uno de los referentes más importantes para el judaísmo y en la autoridad máxima sobre la ley judía: la *Mishné Torá* o *Segunda Ley* en su traducción del hebreo al español. Antes de afrontar semejante proyecto intelectual de tan ambicioso alcance, Maimónides había recopilado los famosos 613 mandamientos judíos en su *Libro de los mandamientos*, escrito alrededor del año 1168. Aunque esta tradición de contar 613 mandamientos se remontaba al siglo III d. C., la enumeración y organización específica de Maimónides se convirtió en una de las más famosas en la literatura rabínica posterior. Los 613 mandamientos se dividen en «mandamientos positivos», que son actos para realizar, y «mandamientos negativos», de los cuales un buen judío se debe abstener. Maimónides jugó un papel crucial en la codificación y explicación de estos mandamientos, y su trabajo tuvo una influencia significativa en el judaísmo posterior, lo cual nos permite poner en contexto la enorme relevancia de su figura para la religión judía.

Así, después de codificar los 613 mandamientos según los cuales un judío debe regir su vida, Maimónides escribió la *Mishné Torá*, una obra absolutamente insuperable desde el punto religioso y transformó radicalmente la literatura rabínica hasta tal punto que esta obra se convirtió en el criterio de referencia, la vara de medir de todos los escritos posteriores al respecto. La *Mishné Torá* supuso una metamorfosis completa de la jurisprudencia judía.

Los catorce libros de esta obra magna no solo brillaron desde el primer momento por su calidad literaria, sino que el propio tono de los mismos, con un estilo lírico formidable, la hábil utilización de las preguntas retóricas con objeto de mejorar la recepción del contenido y mantener la atención del lector, la forma en que se organizaban las leyes destinada a facilitar su aprendizaje memorístico, parecía conjurarse para dar lugar a una obra prodigiosa que marcó un antes y un después en la historia religiosa e intelectual del judaísmo.

Entre las características del texto de Maimónides al que nos estamos refiriendo también estaba la falta de acribia a la hora de mencionar las fuentes que utilizó. Con total seguridad nuestro autor lo hizo así con objeto de facilitar su lectura y evitar confusiones al lector. Además, aunque Maimónides siempre pareció decantarse por el estilo acroamático, esto es, el propio de las doctrinas de los filósofos que se transmitían oralmente, lo que implicaba cierta conexión entre maestro y discípulo, también pretendía que la palabra escrita sirviese de recordatorio y, en un tiempo complejo y convulso como le tocó vivir, quería que hubiera un auténtico corpus legal con opiniones correctas y bien presentadas.

Maimónides escribió la *Mishné Torá* sin perseguir ni autoridad ni poder, simplemente por amor al arte, como diría aquel, para orientar a la gente hacia el verdadero sentido de los preceptos religiosos. Por otra parte, en la tradicional falta de liderazgo intelectual que sufría el judaísmo, Maimónides tuvo que adoptar una postura destacada en pro de conseguir sus objetivos, la guía de la humanidad.

Una de las características que resultan más sorprendentes de la *Mishné Torá* es que recogía tanto leyes relacionadas con el país de Israel y la recuperación de la soberanía nacional del pueblo judío, como ordenanzas menores sobre impuestos y sacrificios, cuestiones ambas que podrían verse como irrelevantes en un momento en el que los judíos carecían de estado y tampoco tenían poder suficiente como para poder mantener su propia estructura fiscal. Algunos eruditos han querido ver en esta obra magna un germen de lo que podría haber sido la constitución de un estado judío, una semilla de lo que siete siglos más tarde fue la creación del estado de Israel. La *Mishné Torá* acabó por reemplazar al Talmud y la autoridad de su autor superó incluso a la de los antiguos sabios talmúdicos.

De la edición de 1574 del *Mishné Torá*. El versículo que se ve en los bordes es del Salmo 45.12: *El rey deseará tu belleza.*

LA TORÁ, EL TALMUD Y LA MISHNÁ

La Torá, el Talmud y la Mishná son textos fundamentales en el judaísmo, y cada uno tiene su propio papel y significado distintivo dentro de la tradición judía. Aquí están sus principales diferencias:

La Torá, también conocida como el Pentateuco, es la parte más sagrada de la literatura judía. Consiste en los cinco primeros libros de la Biblia hebrea: Génesis, Éxodo, Levítico, Números y Deuteronomio. Estos libros, que se cree fueron revelados por Dios a Moisés en el Monte Sinaí, contienen las leyes y enseñanzas fundamentales del judaísmo. La Torá es central en los servicios religiosos judíos y se considera la base de todas las leyes y enseñanzas judías.

La Mishná es el primer componente del Talmud y constituye su base. Redactada en hebreo en torno al año 200 d. C., la Mishná es una recopilación de leyes orales judías. Estas leyes explican y amplían las leyes escritas de la Torá. La Mishná está organizada en seis órdenes, cada uno de los cuales trata diferentes aspectos de la ley judía, como las festividades, las leyes matrimoniales, las normas dietéticas, etc.

El Talmud es una extensa colección de debates y comentarios rabínicos sobre la Mishná. Existen dos versiones del Talmud: el Talmud de Babilonia y el Talmud de Jerusalén. El Talmud de Babilonia es más extenso y es el más estudiado y respetado de los dos. El Talmud incluye la Mishná y la Guemará, esta última siendo el comentario y análisis rabínico de la Mishná. El Talmud abarca una amplia gama de temas, desde la ley y la ética hasta la historia y la filosofía.

Dicho con pocas palabras, mientras que la Torá es el texto sagrado y fundamental que contiene las leyes y narrativas principales del judaísmo, la Mishná y el Talmud son interpretaciones y expansiones de estas leyes, proporcionando un marco detallado para la vida y práctica judías. La Torá es el núcleo de la ley judía, la Mishná es la codificación de la ley oral que explica y amplía la Torá, y el Talmud es un extenso cuerpo de literatura que comenta y debate la Mishná y, por extensión, la Torá.

RESURRECCIÓN DE LOS MUERTOS Y CORPOREIDAD

La *Epístola sobre la resurrección de los muertos* de Maimónides, escrita en 1191, al poco de haber concluido su *Guía de perplejos*, es un texto fascinante y profundo que aborda cuestiones teológicas y filosóficas fundamentales en el judaísmo. Escrita en las postrimerías del siglo XII, esta obra es una respuesta a las dudas planteadas por los contemporáneos de Maimónides sobre la naturaleza y la veracidad de la resurrección de los muertos, un tema central en la teología judía.

La epístola fue escrita en un periodo en que Maimónides, ya reconocido como un erudito y filósofo prominente, se enfrentaba a preguntas complejas sobre diversos aspectos de la fe y la práctica judía. La resurrección de los muertos, mencionada en varios textos sagrados judíos, era un tema de debate intensivo y a menudo controvertido. Maimónides se propuso clarificar y defender esta creencia, integrándola en su sistema filosófico general. El núcleo de la discusión se hallaba entre la resurrección y la corporeidad. En el centro de la epístola de Maimónides está la tensión entre la creencia en la resurrección física de los muertos y los principios filosóficos que subrayan la trascendencia espiritual. Maimónides se embarca en un análisis detallado de lo que significa la resurrección, argumentando a favor de su posibilidad y realidad. Sin embargo, su interpretación no es simplemente literal; aboga por una comprensión más matizada y filosóficamente informada.

Maimónides se inclina por una interpretación que va más allá del simple entendimiento literal de la resurrección. Mientras que reconoce la posibilidad de una resurrección física, también sugiere que el verdadero significado y propósito de esta doctrina puede ser más simbólico o alegórico, enfocándose en la inmortalidad del alma y la trascendencia espiritual. Esta interpretación se alinea con su tendencia general a armonizar la tradición religiosa con la filosofía racional. Un tema crítico que Maimónides aborda es la naturaleza de la corporeidad después de la resurrección. Mientras algunas interpretaciones tradicionales del judaísmo sostenían que la resurrección implicaría un retorno a la vida física en un sentido literal, Maimónides ofrece una visión más compleja. Argumenta que, aunque la resurrección puede involucrar un elemento físico, su significado último trasciende la mera corporeidad. Sugiere que la resurrección podría ser un estado en el que el alma, purificada y perfeccionada, existe de manera más elevada, más allá de las limitaciones del cuerpo físico.

> No es conveniente que los hombres se ocupen de la resurrección de los muertos exclusivamente en aspectos como: «¿Se levantan desnudos o vestidos?» y otros tipos de preguntas similares; evidentemente en ese mundo futuro lo olvidan por completo. Aún más: lo que nosotros explicamos, la resurrección de los muertos, es el fundamento básico de la ley de Moisés, la paz sea con él, pero no la última meta, sino que la última meta es la vida en el mundo futuro. Todo esto es con el fin de aclarar la gran duda del que piensa que no hay en la Torá recompensa ni castigo si no es en este mundo, que en ella no se menciona claramente la recompensa ni el castigo en el mundo futuro [...]. En el mundo futuro no hay existencia de cuerpos [...] pues en ese mundo no hay ni alimentos, ni bebidas, ni relaciones sexuales, de ahí la mentira de que haya órganos inútiles. ¡Es imposible para Dios la obra inútil! Si tuviese el hombre boca, estómago, hígado y órganos sexuales, la existencia de estos sería completamente inútil si no puede comer, ni beber, ni procrear [...]. Nosotros creemos que los ángeles no son cuerpos, y los hijos del mundo futuro son almas separadas, queremos decir, inteligencias.
>
> Maimónides,
> *Epístola sobre la resurrección de los muertos*, capítulo 2.

La *Epístola sobre la resurrección de los muertos* tuvo un impacto significativo en el pensamiento judío posterior. Las ideas de Maimónides sobre la resurrección y la corporeidad posresurrección no solo abrieron nuevas vías de interpretación teológica, sino que también proporcionaron un marco para comprender cómo las creencias tradicionales podían coexistir con un enfoque filosófico más racional. Su obra, al equilibrar fe y razón, se convirtió en un punto de referencia para los eruditos y teólogos judíos posteriores. La *Epístola sobre la resurrección de los muertos* de Maimónides es un ejemplo clave de su enfoque integrador que busca conciliar la fe y la filosofía. Al abordar el tema de la resurrección y la corporeidad posresurrección, Maimónides no solo responde a las inquietudes teológicas de su tiempo, sino que también establece un precedente para el análisis filosófico de los dogmas religiosos. Su interpretación de la resurrección como un fenómeno que trasciende la simple restauración física del cuerpo muestra su capacidad para explorar y expandir los límites del pensamiento religioso, manteniendo al mismo tiempo un profundo respeto por la tradición y las Escrituras.

SOBRE LA CORPOREIDAD DE LOS ÁNGELES

«Los ángeles tampoco están dotados de cuerpo, sino que son inteligencias separadas de la materia, pero que han sido hechos […]. La percepción de lo exento de materia carece totalmente de corporeidad y resulta difícil para el hombre».
Maimónides, *Guía de perplejos*, primera parte, capítulo 49.

Maimónides se embarcó en una misión de profunda transformación en la percepción tradicional judía de Dios. Para él, como para la inmensa mayoría de los pensadores de su tiempo, la existencia de Dios era un axioma indiscutible, pero rechazaba cualquier noción simplista de la divinidad que no estuviera a la altura de la alta estima que, según él, deberían tener los hombres hacia el ser supremo de la realidad. La divinidad, por su propia e inefable naturaleza, no podía ser aproximada desde cualquier posición reduccionista. Su primer gran desafío fue abordar los textos sagrados, la Biblia hebrea, que, si bien eran la principal fuente de revelación divina, requerían una interpretación que trascendiera la literalidad, sobre todo para una mente inquieta y racional como era la de nuestro pensador.

Maimónides encontró que una lectura literal de la Biblia, vista por los cristianos como el Antiguo Testamento, podía dar lugar a una imagen de Dios extremadamente antropomórfica. En tales interpretaciones, Dios parecía cambiar de opinión, experimentar emociones y poner a prueba la fe de sus seguidores, como en la historia del sacrificio de Isaac por Abraham, el *Akedah* (el *Akedah* es un término hebreo que se traduce como «el sacrificio» y se refiere al relato bíblico del intento de sacrificio de Isaac por parte de su padre Abraham; este episodio es narrado en el Génesis). Si se toman literalmente, estos relatos podrían sugerir un Dios con características humanas, tanto psicológicas como físicas. Ejemplos de esto se encuentran en pasajes donde Dios parece tener forma corpórea, como en el encuentro entre Moisés y Dios en el Éxodo, donde se describe a Dios mostrando su espalda a Moisés.

Maimónides enfrentaba un problema similar al que había abordado san Agustín en el cristianismo siglos antes. Ambos llegaron a la misma conclusión: para que la interpretación de las Escrituras sea coherente con cualquier filosofía, debía adoptarse un enfoque alegórico. Esta interpretación simbólica de los textos sagrados era esencial para entender el mensaje divino, más allá de una perspectiva dogmática que viera en la Torá un mensaje literal y cerrado, pues esta actitud podría llevar a numerosos malentendidos y errores básicos de concepto.

El tema de la corporeidad de Dios era fundamental en la aproximación filosófica de Maimónides al judaísmo. Muchos errores de interpretación derivados de una lectura literal de la Torá se originaban en la concepción errónea de Dios como un ser corpóreo. Maimónides no solo desafiaba la visión popular y poco informada de aquellos que no habían estudiado en profundidad las Escrituras, sino también a las autoridades respetadas en el tema. Por ejemplo, el *Shi'ur Qomah*, un tratado místico judío que intentaba determinar las dimensiones del cuerpo de Dios a partir de textos sagrados, refleja esta visión materialista de Dios.

El *Shi'ur Qomah* databa aproximadamente de los siglos I a IV d. C., y pertenecía a la tradición de la Merkava, una de las formas más tempranas de misticismo judío de la que ya hemos hablado en el capítulo anterior. El término *Shi'ur Qomah* se traduce como *La medida de la estatura* o *Las dimensiones del cuerpo [divino]*. El texto es notable por su descripción detallada de las dimensiones y aspectos del cuerpo de Dios, tratando de proporcionar una representación física y antropomórfica de la divinidad. En él se describían las partes del cuerpo de Dios y se asignaban medidas específicas a cada una, a menudo de magnitudes cósmicas y sobrenaturales. El *Shi'ur Qomah* fue siempre un texto controvertido y complejo. Por un lado, su enfoque antropomórfico sobre la divinidad contrastaba con las interpretaciones más abstractas y no corpóreas de Dios que predominaban en el judaísmo rabínico. Por otro lado, algunos estudiosos argumentaban que las descripciones detalladas de Dios en el texto deben entenderse de manera simbólica o alegórica, reflejando una profunda contemplación mística más que una descripción literal. En la historia de la teología y el misticismo judíos, el *Shi'ur Qomah* había sido objeto de debate y análisis. Algunos rabinos y pensadores judíos lo rechazaron por considerar que sus descripciones literales contradecían la concepción judía de un Dios incorpóreo y trascendente. Otros han intentado reconciliar su contenido con la teología judía tradicional, interpretándolo en un contexto místico y simbólico.

Romper con esta percepción material de Dios, que vemos que venía de antiguo, significaba una revolución en el pensamiento religioso, aunque Maimónides no estaba completamente solo en este empeño. Onkelos, un romano que se convirtió al judaísmo en el siglo II d. C., también enfatizaba el carácter metafórico de las referencias bíblicas a los aspectos físicos de Dios. Sin embargo, esta no era la interpretación predominante de la Torá en la época de Maimónides, ni lo sería después de su muerte. Ya en el siglo XII, varias escuelas talmúdicas en Europa se oponían a esta interpretación que proponía nuestro pensador. La contribución de Maimónides al judaísmo fue, por lo tanto, no solo una reevaluación de la comprensión de la divinidad, sino también un llamamiento a un análisis más profundo y simbólico de las Escrituras. Su enfoque buscaba armonizar la revelación divina con un entendimiento filosófico, alejándose de interpretaciones simplistas y antropomórficas, que, como indicamos al inicio de este apartado, se opondría a la verdadera naturaleza inefable de Dios. Esta tarea no fue fácil, ya que se enfrentó tanto a la tradición establecida como a interpretaciones contemporáneas y posteriores que mantenían una lectura más literal y materialista de los textos sagrados.

Maimónides encontró en el corazón de la tradición judía un poderoso argumento contra la percepción corpórea de Dios: el rechazo a la idolatría. En su esencia, la idolatría se refiere a la práctica de venerar imágenes u objetos materiales como divinos. Esta tendencia ha sido un rasgo recurrente en la religión humana, donde las personas históricamente han atribuido un valor trascendental a ciertos objetos tangibles. Un ejemplo notable en la tradición cristiana es el culto a las reliquias de los santos. Esta cuestión fue un factor clave en el surgimiento de la Reforma protestante iniciada por el teólogo y monje agustino Martín Lutero en el siglo XVI, cuando clavó las noventa y cinco tesis en la puerta del castillo de Wittenberg en 1517, precisamente criticando el culto a las reliquias y la recepción de indulgencias por el mismo. El Antiguo Testamento condenaba claramente la adoración de ídolos, como se estipulaba en el segundo mandamiento, registrado en el libro del Éxodo: «No te harás ídolo, ni figura alguna de lo que hay arriba en el cielo, ni abajo en la tierra, ni en las aguas debajo de la tierra; no te postrarás ante ellos, ni les rendirás culto, porque yo soy el Señor, tu Dios».

Para Maimónides, la conceptualización material de Dios representaba la forma más grave de idolatría, ya que en ella se adora a un falso dios. Este error podría provenir de la ignorancia sobre la verdadera naturaleza del único Dios, o de la confusión de este con una deidad pagana. Maimónides, sin embargo, amplió su crítica de la idolatría más allá de la mera representación física de Dios, extendiéndola a la atribución de cualidades humanas como los celos o la ira a la divinidad.

Ante la pregunta de cómo debería ser concebido Dios si se descarta una interpretación material, Maimónides adoptó un enfoque cuidadosamente equilibrado. Se posicionó entre lo que se puede afirmar y lo que se debe reservar sobre Dios, evitando respuestas simplistas, como hacía siempre que se ocupaba de las cuestiones sobre la divinidad. Por esta razón, a menudo se le ha descrito como un teólogo negativo, uno que se enfoca en lo que Dios no es, más que en definiciones positivas. Su perspectiva intenta mantener un delicado equilibrio, respetando el misterio y la trascendencia de lo divino, mientras se abstiene de reducir a Dios a términos humanos o materiales.

Este enfoque de Maimónides refleja un profundo respeto por la naturaleza incomprensible de Dios y una firme oposición a cualquier forma de idolatría, ya sea a través de imágenes físicas o atribuciones humanas. Su pensamiento ilustra una búsqueda continua de un entendimiento más auténtico y profundo de lo divino, evitando simplificaciones y reconociendo la complejidad inherente a la naturaleza de Dios. Maimónides, por lo tanto, no solo contribuyó significativamente a la teología judía, sino que también proporcionó una guía valiosa para abordar la divinidad de una manera más reflexiva y respetuosa.

El legado de Maimónides en la filosofía de la religión radica en su esfuerzo por presentar una comprensión de Dios que estuviera en línea con una perspectiva filosófica más profunda y racional. Su enfoque innovador y su rechazo a las interpretaciones simplistas cambiaron fundamentalmente la manera en que el judaísmo entendía a su divinidad, fomentando una reflexión más crítica y simbólica sobre los textos sagrados. A través de su trabajo, Maimónides no solo desafió las nociones preexistentes sobre Dios, sino que también allanó el camino para futuras generaciones en la búsqueda de una comprensión más profunda y filosóficamente coherente de la divinidad en el contexto del judaísmo.

EL APOFATISMO DE MAIMÓNIDES

Otra forma de referirse a la teología negativa es el apofatismo. Este término proviene del griego *apophasis*, que significa «negación» o «decir no». El apofatismo es un enfoque teológico y filosófico que enfatiza conocer a Dios principalmente a través de la negación de atributos, es decir, describiendo lo que Dios no es, en lugar de afirmar positivamente lo que Dios es. La teología negativa evita asignar atributos positivos a Dios, es decir, se abstiene de describir lo que Dios es, enfocándose en lo que no es. En su forma más extrema, esta teología conduce al silencio místico, a una renuncia total a enunciar cualquier característica de Dios. Se parte del principio de que cualquier intento de descripción positiva no solo es insuficiente o incompleto, sino que también puede resultar en una trivialización de la divinidad, reduciéndola a un nivel mundano. Hay argumentos filosóficos sólidos que apoyan este enfoque negativo en la teología. Aunque se utilicen adjetivos elevados para describir a Dios (como infinito, eterno, omnipotente), estos siempre caen dentro de un esquema lingüístico típico de atribución de características. Independientemente de la magnitud de los adjetivos utilizados para describirlo, estos siempre se asemejan al método convencional de asignar cualidades a los objetos. Por ejemplo, es como decir «el cielo es azul» o «la nieve es fría»; de manera similar, se tiende a aplicar descripciones a Dios, como si fuera otro objeto más con características definibles. Sin embargo, Dios no puede ser categorizado como un objeto más; siendo la fuente o creador de todas las cosas, no se le puede tratar, ni siquiera en términos lingüísticos, como uno más entre ellas.

La manera de hablar sobre Dios ya implica una concepción específica de lo divino. Maimónides se esforzó en revelar y cuestionar el lenguaje sobre la divinidad que acababa por representar a Dios como una figura antropomórfica, como un señor con barba en un trono celestial. Aunque Maimónides no adoptó una postura completamente negativa, siempre fue extremadamente cauteloso al afirmar cualquier cosa sobre Dios. Desde una perspectiva positiva, dedicó más esfuerzo a argumentar la existencia de Dios que a definir su naturaleza.

El camino hacia la afirmación de la existencia de Dios seguido por Maimónides es filosóficamente similar al empleado por santo Tomás de Aquino en el cristianismo. Esto no es sorprendente, ya que, a pesar de sus diferencias, tanto el filósofo judío como el fraile dominico se inspiraron en Aristóteles, a quien leyeron a través de los comentaristas árabes. Su prueba de la existencia de Dios se deriva directamente de la cosmovisión aristotélica. Según esta visión, la causa del movimiento de cualquier objeto físico (entendiendo el movimiento en un sentido amplio, incluyendo cambio, mutación, nacimiento y muerte, tanto en la Tierra como en los cuerpos celestes) no se encuentra en el objeto mismo, sino en una causa externa. Si esto es así, debe existir necesariamente una entidad que provoque los cambios o movimientos de los demás entes sin ser movida por nada a su vez. Esto es una necesidad conceptual para evitar una cadena infinita de causas y efectos, la temida *regressio ad infinitum,* que, filosóficamente, conduciría al absurdo. Aristóteles resuelve este dilema con la idea de un «primer motor inmóvil», algo que «mueve sin ser movido». El Dios de Maimónides se concibe como una adaptación filosófica de este primer motor aristotélico en un contexto judío, aunque esta adaptación no se realiza sin importantes ajustes, especialmente en relación con el concepto de creación.

Una vez establecida la necesidad de un ser eterno que explique el movimiento perpetuo del universo, Maimónides se adentra en la descripción negativa de Dios. Aquí, en lugar de tratar de definir positivamente a Dios, Maimónides se enfoca en lo que Dios no es, evitando atribuciones que limiten o simplifiquen su naturaleza. Esta aproximación refleja una profunda reverencia por el misterio y la incomprensibilidad de lo divino, y muestra una conciencia aguda de las limitaciones humanas para comprender y describir la esencia de Dios. La teología negativa de Maimónides, por lo tanto, no es una negación de la divinidad, sino un reconocimiento humilde de su trascendencia y una advertencia contra la tendencia humana a reducir lo divino a términos comprensibles y manejables. Por otra parte, esta era la estrategia habitual de muchos pensadores medievales y que conducirá hasta el Renacimiento, el empleo de la teología negativa curiosamente para enfatizar la existencia de Dios.

La teología negativa, un concepto intrigante y profundo dentro del estudio de lo divino, se adentra en la comprensión de Dios a través de un camino menos transitado. A diferencia de los enfoques tradicionales que buscan describir a Dios mediante atributos positivos y cualidades definibles, la teología negativa toma una ruta distinta, enfocándose en lo que Dios no es. Esta aproximación reconoce la inmensidad y misterio de lo divino, asumiendo que cualquier intento humano por definir a Dios con términos limitados y finitos inevitablemente se queda corto. Al evitar atribuir características concretas a Dios, la teología negativa no solo subraya la trascendencia y singularidad absoluta de lo divino, sino que también invita a una reflexión más profunda sobre la naturaleza de lo sagrado y lo desconocido. En este enfoque, el silencio, la contemplación y la admisión de los límites del lenguaje y la comprensión humana se convierten en herramientas esenciales para acercarse al misterio de la divinidad. Todas estas características encajaban como un guante en la personalidad e intelecto de Maimónides.

MAIMÓNIDES Y TOMÁS DE AQUINO

La relación de influencia entre Maimónides y Tomás de Aquino es un fascinante ejemplo de cómo las ideas filosóficas trascienden barreras culturales y religiosas. Maimónides y Tomás de Aquino, un teólogo cristiano del siglo XIII, aunque pertenecían a diferentes tradiciones religiosas, compartieron un interés común en la filosofía de Aristóteles y su integración con sus respectivas teologías. Esta conexión se hace evidente en su tratamiento de uno de los temas más profundos de la filosofía y la teología: la existencia de Dios.

Tanto Maimónides como Tomás de Aquino estudiaron a Aristóteles a través de los trabajos de comentaristas árabes, como Avicena y Averroes. Esta exposición a Aristóteles, filtrada a través del pensamiento islámico, proporcionó un marco común para ambos pensadores. Aristóteles, con su énfasis en la lógica y la observación empírica, ofreció un sistema filosófico que ambos encontraron útil para explicar y defender los principios de sus respectivas fes.

Maimónides en su obra *Guía de perplejos* y Tomás de Aquino en la *Suma teológica* presentan argumentos para la existencia de Dios que reflejan una clara influencia aristotélica. Maimónides utiliza un enfoque racional para abordar la naturaleza de Dios, enfatizando la importancia de la inteligencia y la razón en la comprensión de lo divino. Tomás de Aquino, por su parte, formula las famosas cinco vías, argumentos lógicos para probar la existencia de Dios, que también reflejan una metodología aristotélica.

Ambos filósofos emplearon una metodología similar en su enfoque hacia Dios. En lugar de depender exclusivamente de la revelación o la tradición, buscaron comprender a Dios a través de la razón y la lógica. Maimónides, por ejemplo, argumentaba contra la antropomorfización de Dios y promovía una comprensión más abstracta y filosófica, mientras que Tomás de Aquino utilizaba la razón para complementar y explicar la revelación cristiana.

Grabado de Santo Tomás de Aquino, 1837.
[Biblioteca municipal de Trento]

Sin embargo, a pesar de sus similitudes metodológicas y su inspiración común en Aristóteles, Maimónides y Tomás de Aquino llegaron a diferentes conclusiones en muchos aspectos, reflejando sus distintos contextos religiosos y culturales. Maimónides, operando dentro del judaísmo, tenía el desafío de armonizar la ley y la filosofía judías, mientras que Tomás de Aquino buscaba integrar la filosofía aristotélica con la teología cristiana.

La influencia de Maimónides sobre Tomás de Aquino es un ejemplo temprano de diálogo interreligioso, donde un filósofo judío ejerció una influencia significativa en un teólogo cristiano. Este intercambio de ideas demuestra cómo el pensamiento filosófico puede servir como un terreno común para personas de diferentes creencias. La capacidad de ambos filósofos para dialogar con Aristóteles y entre sí, a través de sus obras, establece un precedente para la comprensión intercultural e interreligiosa.

En la relación entre Maimónides y Tomás de Aquino destaca no solo la universalidad del pensamiento aristotélico, sino también cómo las diferentes tradiciones religiosas pueden enriquecerse mutuamente a través del estudio y la interpretación de ideas filosóficas compartidas.

EL ORIGEN DE LA CREACIÓN

La aproximación de Maimónides al concepto de divinidad está significativamente influenciada por Aristóteles, aunque no se le puede considerar simplemente un discípulo del filósofo griego, entre otras cosas porque también está ahí presente la influencia de Platón y otros autores. Siguiendo la idea de que Aristóteles mismo priorizaba la verdad sobre la lealtad a su maestro Platón, Maimónides también puso la verdad por encima de su admiración por Aristóteles. Su pensamiento, si bien se guía en gran medida por el aristotelismo, con matices de neoplatonismo, no confiere a Aristóteles una autoridad incondicional, especialmente en comparación con la interpretación judía de la Torá, elemento al que Maimónides confería la máxima prioridad intelectual.

Para Maimónides, la experiencia empírica, o sea, la observación del mundo a través de los sentidos, debe estar en armonía tanto con la Torá como con el análisis racional. Si se descubre que un pasaje de las Escrituras no es empíricamente verificable, entonces se recurre a la interpretación simbólica. Pero si no hay razones sólidas para dudar de un pasaje bíblico, debe ser tomado literalmente. Un ejemplo claro de esto es la cuestión de la creación del mundo.

Para nuestro autor, la armonización entre la experiencia empírica y las enseñanzas de la Torá, complementada por el razonamiento analítico, era esencial. Su enfoque refleja una profunda comprensión de que la verdad religiosa y las observaciones del mundo físico no son entidades separadas, sino aspectos de una única realidad que deben ser coherentes entre sí.

Maimónides sostenía que la experiencia empírica, es decir, el conocimiento adquirido a través de la observación directa y la percepción sensorial, desempeña un papel vital en la comprensión del mundo. Esta postura refleja un compromiso con la evidencia observable como un medio importante para acercarse a la verdad. Maimónides no descartaba los sentidos como una fuente válida de conocimiento, sino que los consideraba fundamentales para explorar y entender la creación de Dios.

La importancia que Maimónides otorgaba a la experiencia empírica no debilitaba su respeto y reverencia por la Torá. Por el contrario, buscaba un equilibrio donde las percepciones sensoriales y los descubrimientos empíricos no contradijeran las Escrituras, sino que las complementaran. Asimismo, Maimónides veía el análisis racional como una herramienta crucial para interpretar tanto la experiencia empírica como los textos sagrados. Esta tríada de Torá, experiencia y razón forma la base de su metodología para comprender el mundo y lo divino.

Cuando un pasaje de las Escrituras parecía entrar en conflicto con la razón o la experiencia empírica, Maimónides no dudaba en adoptar una interpretación simbólica. Esta aproximación permitía mantener la validez y el respeto por las Escrituras sin comprometer la integridad del pensamiento racional o la evidencia empírica. Sin embargo, Maimónides no aplicaba esta interpretación simbólica de manera arbitraria. Solo la utilizaba cuando existían razones convincentes para creer que una interpretación literal era insostenible o irracional.

Un ejemplo claro de esta metodología es el tratamiento que Maimónides da al relato bíblico de la creación del mundo, cuestión de la que nos estamos ocupando en estas líneas. Aunque adoptó una cosmovisión esencialmente aristotélica, Maimónides se distanció de Aristóteles en puntos clave, como la eternidad del universo y la creación a partir de la nada. Frente a la ausencia de pruebas empíricas o racionales concluyentes que contradigan el relato del Génesis, Maimónides optó por aceptar la narrativa bíblica de la creación por Dios. Este enfoque demuestra su disposición a mantener la integridad de las Escrituras cuando no hay razones sólidas para cuestionarlas desde un punto de vista empírico o racional. La metodología de Maimónides en la interpretación de las Escrituras y su entendimiento del mundo natural representan un intento significativo de reconciliar fe, razón y experiencia. Su enfoque equilibrado y su énfasis en la coherencia entre estos diversos aspectos del conocimiento subrayan la posibilidad y la importancia de una comprensión integrada y holística de la realidad, una que respeta tanto la revelación divina como las capacidades humanas de observación y razonamiento.

Aunque Maimónides adoptó una cosmovisión predominantemente aristotélica, se distanció de Aristóteles al rechazar la idea de un universo eterno y al adoptar la creación a partir de la nada, como se narra en el Génesis. Con la falta de pruebas tanto racionales como empíricas, Maimónides eligió la narrativa bíblica de la creación por Dios.

La pregunta sobre el origen del universo ha sido una de las más importantes en la historia de la filosofía. En el tiempo de Maimónides la cuestión versaba sobre la creación. Hoy en día, se tiende a abordar esta cuestión desde la física con teorías como el Big Bang. Sin embargo, antes de las revoluciones científicas de la Edad Moderna, se consideraba una pregunta eminentemente filosófica. A menos que se acepte la idea de que el mundo surgió espontáneamente sin una causa definida, se reconoce la necesidad de algún principio poderoso que haya propiciado su creación o emanación.

En las cosmovisiones creacionistas, como la judía o la cristiana, se sostiene que una divinidad creó el mundo de la nada, diferenciando claramente entre el creador y la creación. Por otro lado, el concepto de «emanación», típico del neoplatonismo, implica que la realidad emana directamente de su principio originario, dando lugar a una visión más unitaria del mundo. Durante la Edad Media, el término «emanación» fue interpretado de diversas maneras por los filósofos. Maimónides, aunque defendía una visión creacionista, utilizaba ocasionalmente el término «emanación» para describir una conexión especial, casi mística, entre el intelecto individual y el intelecto agente, algo que se reserva para los profetas, como se describe en su *Comentario sobre la Mishná*. Lo explicamos con otras palabras. El concepto de emanación es fundamental en diversas tradiciones filosóficas y teológicas, especialmente en el neoplatonismo, donde implica que el universo y todo lo que contiene fluye o emana de una fuente primordial o divina. Esta idea sugiere una conexión intrínseca y directa entre el origen y sus emanaciones, lo que conlleva una cierta continuidad ontológica entre el Creador y la creación.

Maimónides, en su enfoque filosófico y teológico, se ocupa de este concepto, aunque con ciertas adaptaciones. Su interpretación de la emanación debe entenderse en el contexto de su intento de armonizar la tradición judía con la filosofía aristotélica y elementos del neoplatonismo. Nuestro autor adopta una perspectiva que equilibra la creencia en un Dios creador, como se presenta en la Torá, con una comprensión filosófica del universo y su origen.

En su obra, Maimónides utiliza a veces el término «emanación», pero no en el sentido neoplatónico tradicional de una emanación directa y literal de todas las cosas desde una fuente divina única. Más bien, lo emplea para describir una relación más abstracta y metafísica, particularmente en el contexto de la relación entre el intelecto humano y el divino. En este sentido, Maimónides ve la emanación como una forma de iluminación intelectual o espiritual que fluye desde Dios hacia los seres humanos, especialmente los profetas, permitiéndoles alcanzar un grado más alto de conocimiento y comprensión.

Este enfoque de Maimónides destaca su esfuerzo por mantener la trascendencia y unicidad de Dios, evitando cualquier implicación de que la creación es una extensión literal o una parte de la esencia de Dios, como podría sugerir una interpretación estricta de la emanación en el neoplatonismo. Al mismo tiempo, reconoce que hay una conexión especial, aunque no literal, entre Dios y la creación, particularmente en la forma en que el intelecto humano puede alcanzar un entendimiento de lo divino.

Maimónides aborda el concepto de emanación de una manera que es coherente con su compromiso general con la tradición judía y su adopción de ciertos aspectos de la filosofía aristotélica y neoplatónica. Su interpretación subraya una relación indirecta y no literal entre Dios y el universo, manteniendo la distinción y separación entre el Creador y la creación, mientras reconoce la posibilidad de un conocimiento profundo y directo de Dios por parte de individuos excepcionales.

Este enfoque de Maimónides ilustra su habilidad para integrar y reinterpretar conceptos filosóficos dentro de un marco teológico judío. Al hacerlo, no solo proporcionó una interpretación única de doctrinas complejas, sino que también estableció un modelo para abordar la relación entre la fe, la razón y la experiencia empírica. Su obra destaca la importancia de equilibrar la tradición y la razón, y sigue siendo fundamental para comprender la filosofía medieval y la teología judía.

Por otra parte, y antes de abandonar este apartado sobre el origen de la creación, sería importante señalar por qué se produce una separación tan radical entre la visión de Maimónides y la de Aristóteles a este respecto. Como judío y creyente, Maimónides partía de una visión creacionista del mundo, pues así aparecía en la Biblia, en concreto en el Génesis, donde Dios crea toda la realidad de la nada. Sin embargo, como hemos visto en páginas anteriores, para Aristóteles, digno receptor de la formidable tradición filosófica griega, la creación *ex nihilo* era absolutamente inconcebible. La idea de la creación *ex nihilo*, o creación de la nada, no estaba presente en la cosmología y filosofía griega antigua por varias razones clave relacionadas con su marco cultural, religioso y filosófico. Para empezar, muchos filósofos griegos antiguos, incluyendo a Aristóteles, creían en la eternidad del cosmos. Para ellos, el universo siempre había existido y no tenía un principio en el tiempo. Esta visión era fundamentalmente diferente de la idea de un universo creado en un momento específico a partir de la nada.

Además, la perspectiva griega sobre la naturaleza y la divinidad difería significativamente de las concepciones monoteístas posteriores. Los dioses griegos eran vistos como seres poderosos, pero no omnipotentes ni creadores del universo en el sentido judeocristiano o islámico. Por eso, en el mundo griego se decía que los dioses eran inmortales, pero no eternos. Estos dioses formaban parte del orden natural existente y no eran considerados capaces de crear la realidad de la nada.

La filosofía griega valoraba profundamente la razón y la observación del mundo natural. La creación *ex nihilo*, un concepto que no es observable ni deducible a través de la razón o la experiencia, no encajaba bien con su enfoque empírico y lógico. Este argumento se comprende mejor cuando entendemos la perspectiva férreamente racional de la filosofía antigua.

A todo esto, aunque los mitos griegos ofrecían diversas explicaciones sobre los orígenes del mundo y los dioses, estos relatos tendían a describir un proceso de transformación o emergencia de un estado primordial de caos o de una sustancia primigenia, en lugar de una creación a partir de la absoluta inexistencia. El ejemplo principal que se nos viene a la cabeza es la propia obra de Hesíodo, *Teogonía*, donde la aparición del mundo parte de un caos primigenio del que surgirían todas las cosas.

Por otra parte, los filósofos presocráticos, que influyeron en gran medida en el pensamiento griego posterior, buscaban explicaciones naturales para el origen y la estructura del cosmos, eludiendo todo típico de explicaciones míticas. Al fin y al cabo, la aparición de la filosofía se produjo de forma paulatina tras un proceso que duró mucho tiempo y que suele llamarse en los libros de filosofía como «el paso del mito al logos». Muchos de ellos, como Tales, Anaximandro y Heráclito, propusieron teorías basadas en elementos o principios eternos y no en la idea de una creación de la nada.

Por último, en la filosofía aristotélica, la realidad se comprende en términos de sustancia, forma y el cambio de la potencialidad a la actualidad. Este marco conceptual no dejaba espacio para la creación *ex nihilo*, ya que todo cambio se entendía como la realización de algo potencialmente presente en la naturaleza.

EL RELATO TALMÚDICO DE LOS CUATRO SABIOS EN EL PARDES

Hay una fascinante historia talmúdica que recoge Maimónides: «Cuatro sabios, Ben Azai, Ben Zoma, Elisha ben Abuyah y Aqiba, se aventuraron en el Paraíso (Pardes). Cada uno tuvo un destino diferente: Ben Azai murió al observar; Ben Zoma perdió la razón; Elisha ben Abuyah se desvió y apostató y solo Rabí Aqiba salió indemne».

Este relato ilustra tanto el poder como el peligro de la búsqueda espiritual profunda. A través de este viaje místico, solo uno logró regresar sin daño, planteando preguntas sobre la naturaleza y los riesgos de tales búsquedas espirituales.

En su tratamiento sobre la teología negativa, Maimónides resalta un punto crítico: las verdades últimas, como la esencia y los atributos de Dios, escapan al alcance del conocimiento humano. Esta perspectiva, aunque coherente con una aproximación humilde ante lo divino, muy típica de nuestro pensador, presenta desafíos prácticos significativos tanto para los sabios como para el pueblo. Los sabios, dedicados por naturaleza a la búsqueda del conocimiento, se enfrentan a la paradoja de conocer solo la imposibilidad de alcanzar las verdades últimas, una realidad poco satisfactoria para la mente inquisitiva y que puede provocar cierta frustración intelectual. Mientras tanto, la gente común, que busca comprensión y guía en su fe, se halla ante un vacío de respuestas claras y concretas de parte de sus maestros espirituales que podría resultar negativo para su mantenimiento de la fe o de la confianza en los guías espirituales o referentes morales como podrían ser los sabios y rabinos.

Consciente de estos dilemas, Maimónides aborda con cautela el que denomina «carácter explosivo de la verdad». Esto se refiere a la potencial revelación intuitiva y mística de los principios metafísicos más elevados, incluyendo la esencia de Dios, a aquellos preparados extensamente para tal experiencia. Lejos de ser un evento trascendental benigno, este raro acceso a un conocimiento intuitivo se considera peligroso, la contemplación de una verdad de tal calibre podría suponer un riesgo considerable hasta para la persona más preparada. La verdad, según Maimónides, puede provocar una ruptura drástica con el orden ordinario de la vida, siendo soportable únicamente por aquellos con un equilibrio físico y psíquico excepcional.

Aqiba ben Joseph, grabado de 1568.

Para ejemplificar estos peligros, Maimónides recurre a la leyenda talmúdica de los cuatro sabios que acceden al paraíso místico con la que iniciamos este apartado y que aparece contada en su *Guía de perplejos*. De estos sabios, Ben Azai, Ben Zoma, Elisha ben Abuyah y Aqiba, solo Aqiba emerge ileso, como hemos dicho. Recordemos los diferentes destinos de estos cuatro sabios: Ben Azai muere, Ben Zoma enloquece y Elisha ben Abuyah renuncia a su fe. Esta narrativa sirve para ilustrar los riesgos a los que se enfrenta el sabio en su pugna por alcanzar la verdad más absoluta: la muerte por el exceso intelectual, la locura por la falta de estabilidad mental ante verdades abrumadoras o, como en el caso de Elisha ben Abuyah, la pérdida de la fe.

El caso de Elisha ben Abuyah, en particular, va más allá de una simple apostasía, representando un malentendido y una adopción dogmática de puntos de vista erróneos sobre las creencias religiosas. Maimónides utiliza esta historia para advertir sobre los peligros de un enfoque rígido y unilateral hacia las verdades complejas y, a menudo, incomprensibles de la fe y la metafísica. Así, Maimónides plantea un delicado equilibrio en la búsqueda de conocimiento sobre lo divino. Reconoce la importancia de la sabiduría y la enseñanza, al mismo tiempo que advierte sobre los peligros inherentes a una comprensión profunda y mística de las verdades trascendentes. Su enfoque subraya la necesidad de una preparación cuidadosa y un equilibrio mental y espiritual en la exploración de los misterios de la fe y la existencia.

Esto es lo que escribe Maimónides en su *Guía de perplejos* al respecto del viejo cuento talmúdico:

> Si intentas exceder los límites de tus capacidades intelectuales, o niegas como imposibles cosas que nunca se ha probado que sean imposibles, o que son en realidad posibles, aunque su posibilidad sea muy remota, entonces serás como Elisha; no solo fracasarás en el intento de ser perfecto, sino que serás del todo imperfecto; prevalecerán en ti ideas

fundadas en la mera imaginación, te inclinarás hacia los defectos y las costumbres depravados.

Este fragmento destaca la visión de Maimónides respecto a la búsqueda del conocimiento y los límites de la comprensión humana, especialmente en relación con las verdades divinas. El filósofo subraya los riesgos inherentes a la búsqueda de un conocimiento profundo, especialmente aquel que concierne a la esencia de Dios y los principios metafísicos más elevados. Advierte sobre el peligro de exceder las capacidades intelectuales y caer en errores de interpretación, llevando a conclusiones equivocadas o incluso a la pérdida de la fe, como se extraía de la historia talmúdica de los cuatro sabios.

Maimónides, consciente de la naturaleza explosiva de la verdad y los peligros de su malinterpretación, recomienda prudencia y realismo en la búsqueda del conocimiento. Argumenta que no todos los individuos están equipados para emprender tal empresa, y subraya la importancia de reconocer nuestras propias limitaciones. La historia de los cuatro sabios talmúdicos sirve como una poderosa ilustración de sus advertencias: mientras que uno logra acceder y salir indemne del conocimiento místico, los demás enfrentan consecuencias fatales o devastadoras debido a su incapacidad para manejar la verdad.

Maimónides aboga por un enfoque equilibrado en el que se reconozca la diversidad de capacidades y sensibilidades humanas. Sostiene que no todos están destinados a ser filósofos y que el esfuerzo por forzar a todos a alcanzar esta cima del conocimiento es tanto poco realista como potencialmente dañino. En su lugar, sugiere el uso de metáforas y parábolas, como las que se encuentran en la Torá, para transmitir verdades espirituales a aquellos que no pueden comprometerse con un estudio riguroso de la metafísica.

Esta perspectiva de Maimónides puede interpretarse como una mezcla de realismo y escepticismo filosófico. Reconoce la importancia y el valor de la búsqueda del conocimiento, pero también enfatiza la necesidad de ser conscientes de las limitaciones humanas. Esta postura equilibrada es lo que distingue su pensamiento y lo hace relevante incluso en el contexto contemporáneo, donde las preguntas sobre la fe, la razón y el conocimiento siguen siendo centrales.

Maimónides, por tanto, nos presenta una visión que equilibra el deseo de conocimiento con un profundo sentido de humildad y realismo. Advierte sobre los riesgos de la arrogancia intelectual y la importancia de reconocer que algunas verdades pueden estar más allá de nuestro alcance. Esta enseñanza sigue siendo valiosa en una era donde el acceso a la información es vasto, pero la sabiduría sigue siendo esquiva. Nos recuerda que el verdadero conocimiento no solo reside en la acumulación de hechos y datos, sino en la capacidad de reconocer y respetar los límites de nuestra comprensión.

Maimónides, en *Guía de perplejos*, refleja una profunda preocupación por la relación entre el conocimiento, la sabiduría y la comprensión espiritual. Nuestro autor enfatizó que el conocimiento, especialmente en temas de teología y metafísica, tiene límites. Él creía que ciertas verdades, como la esencia de Dios, no son completamente cognoscibles por la mente humana, como hemos indicado en párrafos anteriores. Esta postura refleja la importancia que le da al conocimiento, pero también reconoce sus límites, una idea central en la distinción entre conocimiento y sabiduría. Para Maimónides, la sabiduría no solo consiste en acumular conocimientos, sino en entender cómo aplicarlos correctamente y reconocer las limitaciones de nuestra comprensión. Esto se alinea con la idea de que la sabiduría implica una aplicación reflexiva y ética del conocimiento.

Nuestro pensador es conocido por su intento de armonizar la razón y la fe judía. En su visión, el conocimiento racional y la comprensión espiritual no están en conflicto, sino que se complementan. Esta integración puede verse como un esfuerzo por alcanzar la sabiduría, combinando el conocimiento (razón) y la comprensión profunda y ética (fe). En su filosofía, Maimónides ve el camino hacia la perfección espiritual e intelectual como un proceso de aprendizaje constante y de crecimiento en sabiduría. Esto implica no solo adquirir conocimiento, sino también desarrollar un entendimiento más profundo y una capacidad para aplicar este conocimiento de manera ética y moral.

Maimónides, como no nos cansamos de repetir, también aboga por la prudencia y la moderación en la búsqueda del conocimiento. Advierte contra la arrogancia intelectual y la importancia de reconocer las limitaciones humanas, lo cual es un aspecto crucial de la sabiduría. Su enfoque equilibrado y su integración de la razón y la fe reflejan un profundo entendimiento de cómo estos dos elementos pueden y deben trabajar juntos para una comprensión más completa de la vida y la espiritualidad.

LA RELACIÓN ENTRE CONOCIMIENTO Y SABIDURÍA

La relación entre conocimiento y sabiduría es un tema complejo y fascinante, profundamente explorado a lo largo de la historia de la filosofía, la psicología y la educación. Aunque a menudo se usan de manera intercambiable en el lenguaje cotidiano, conocimiento y sabiduría son conceptos distintos, cada uno con su propia naturaleza y valor.

El conocimiento se refiere a la acumulación de hechos, información y habilidades adquiridas a través de la experiencia o la educación. Es cuantitativo y se basa en el aprendizaje y la comprensión de aspectos específicos del mundo. Puede ser objetivo, como en el conocimiento científico, o subjetivo, basado en experiencias personales. El conocimiento es a menudo necesario para entender y relacionarse con el mundo, resolver problemas y tomar decisiones basadas en hechos y datos.

La sabiduría, en cambio, es más cualitativa y se relaciona con la profundidad de la comprensión y la capacidad de aplicar el conocimiento de manera efectiva y con juicio moral. Implica un nivel de discernimiento, compasión, empatía, y una perspectiva equilibrada de la vida. La sabiduría se asocia a menudo con la madurez, la introspección y la capacidad de ver las cosas en un contexto más amplio, considerando no solo la información, sino también las consecuencias éticas y emocionales de las acciones.

Aunque distintos, el conocimiento y la sabiduría están profundamente interrelacionados. El conocimiento puede ser visto como el fundamento sobre el cual se construye la sabiduría. Sin un cierto nivel de conocimiento, la sabiduría no puede desarrollarse completamente, ya que requiere datos y experiencias sobre los cuales reflexionar. Sin embargo, la sabiduría va más allá de simplemente tener conocimientos; implica la habilidad de aplicar esos conocimientos de manera que sean beneficiosos y éticos.

El conocimiento se adquiere generalmente a través de la educación formal, la lectura, la exploración y la experiencia. La sabiduría, no obstante, se desarrolla con el tiempo, a través de la reflexión, la experiencia de vida, la apertura a nuevas perspectivas y la evaluación continua de nuestras acciones y sus consecuencias. Mientras que el conocimiento puede ser enseñado, la sabiduría es generalmente adquirida por uno mismo y cultivada a lo largo de la vida.

En términos prácticos, el conocimiento es crucial para el desempeño competente en muchas áreas de la vida, incluyendo el trabajo y la educación. La sabiduría, sin embargo, enriquece la calidad de vida, mejora las relaciones, contribuye a la toma de decisiones conscientes y éticas, y ayuda a encontrar significado y propósito en las experiencias.

LA PROVIDENCIA DIVINA

El concepto del cuidado que Dios tiene de la creación, que es fruto de su propia voluntad para la mayoría de las religiones, es un tema central en muchas tradiciones religiosas y filosóficas, y varía considerablemente entre diferentes creencias y sistemas teológicos. Este concepto, a menudo referido como providencia divina, implica la idea de que Dios no solo crea el universo, sino que también lo mantiene, lo gobierna y, de alguna manera, interviene o se preocupa por su creación. Por ejemplo, en el cristianismo, la providencia divina se ve generalmente como la forma en que Dios gobierna el universo de manera omnisciente y omnipotente, cuidando y sosteniendo la creación. Se cree que Dios está activamente involucrado en la vida humana y en el mundo, guiando la historia hacia un propósito divino. Algunas denominaciones cristianas también enfatizan la idea del amor de Dios como una fuerza central en su cuidado y mantenimiento de la creación.

Para el judaísmo, en cambio, la creencia en la providencia divina varía entre las diferentes corrientes. Sin embargo, en general, se considera que Dios está íntimamente involucrado en el mundo, guiando y manteniendo la creación de acuerdo con un plan divino. Maimónides, por ejemplo, escribió extensamente sobre cómo Dios se relaciona con el mundo y los seres humanos.

En el islam, Alá es visto como el sustentador y mantenedor del universo. La creencia en la providencia divina (Qadar) es un aspecto fundamental de la fe musulmana. Los musulmanes creen que Alá tiene conocimiento y control sobre todo lo que sucede y que cada evento en el universo ocurre dentro de la voluntad divina.

Para la filosofía, la providencia divina también es un tema de discusión, especialmente en la teodicea, que trata de reconciliar la existencia del mal y el sufrimiento en el mundo con la creencia en un Dios benevolente y todopoderoso. Algunos filósofos han argumentado que el mal es un resultado necesario de la libertad humana o que contribuye al desarrollo moral de la humanidad.

En este caso, la exploración de Maimónides sobre la metafísica se enriquece notablemente cuando aborda la cuestión de la providencia, esencialmente el cuidado divino sobre la creación, incluyendo a la humanidad. Esta temática, profundamente arraigada en su vasto conocimiento de la tradición judía y enriquecida por el diálogo con la filosofía griega antigua, se erige como una de las más complejas y filosóficamente ricas en toda su obra. La providencia, un tema crucial tanto en discursos filosóficos como religiosos, ofrece una ventana a comprender la intervención divina en los asuntos humanos, y también responde, de manera indirecta, a las cuestiones de la libertad humana y la existencia del mal en el mundo, especialmente cuando este afecta a los inocentes.

Maimónides posiciona su interpretación de la providencia en oposición al epicureísmo, corriente fundada por Epicuro que concebía el mundo de manera materialista y sin intervención divina en los asuntos humanos. Epicuro, aunque no era ateo, desestimaba cualquier práctica religiosa destinada a atraer la atención divina, argumentando que los dioses eran indiferentes a los humanos y que el mundo era regido por el azar. Maimónides confronta esta visión con la perspectiva aristotélica, donde el primer motor o causa última tiene un rol providencial en el movimiento de los elementos eternos. Sin embargo, Aristóteles excluía a los seres humanos de esta providencia, limitándola al ámbito celeste, una restricción con la que Maimónides no concordaba.

Para Maimónides, la providencia divina también debía extenderse al mundo sublunar, pero no de manera indiscriminada a toda la materia, sino específicamente a los seres humanos, en virtud de su capacidad intelectual para conectarse con el intelecto divino. En este diálogo entre filosofía y tradición judía, Maimónides examina la noción talmúdica de libre albedrío y la justicia divina, que tradicionalmente implican que Dios premia o castiga según las acciones humanas. Sin embargo, Maimónides ve la providencia no como una respuesta reactiva a las acciones humanas, sino más bien como una causa subyacente de ellas. En su perspectiva, la providencia divina no es un simple juego de recompensas y castigos basado en las elecciones humanas. Más bien, Dios ha creado y ordenado el mundo de acuerdo con una lógica divina, distinta de la lógica humana. Al esforzarse por alinearse con esta lógica divina, el ser humano puede adquirir un conocimiento adecuado del mundo y actuar de manera que se beneficie de la providencia divina. De esta forma, aquellos que se mantienen cercanos a Dios gozan de su protección, mientras que los que se alejan enfrentan su ausencia, no como un castigo, sino como una consecuencia natural de su distancia.

En *Guía de perplejos*, Maimónides explica que la preservación de calamidades de algunos, y la vulnerabilidad de otros, no se debe a sus capacidades o disposiciones naturales, sino a su proximidad o lejanía de Dios. Aquellos cercanos a Él están protegidos, mientras que los alejados están expuestos a las vicisitudes del mundo. Sin embargo, esto no implica que la vida de los justos esté gobernada por la providencia y la de los injustos por el azar. En el mundo perfecto creado por Dios, no hay espacio para el azar. Quien actúa sin comprender las leyes que rigen el mundo, está como quien juega sin conocer las reglas: le parece que todo ocurre al azar simplemente porque desconoce las consecuencias de sus acciones. Pero las reglas existen y se aplican a todos por igual.

Este enfoque de Maimónides sobre la providencia divina representa un esfuerzo por reconciliar diversas corrientes filosóficas y religiosas, al tiempo que ofrece una interpretación única que resalta la importancia del conocimiento y la cercanía a Dios como factores determinantes en la experiencia humana de la providencia divina. Su análisis profundiza en la complejidad de la relación entre Dios y la humanidad, destacando la relevancia del intelecto humano en la comprensión y alineación con el orden divino. En última instancia, Maimónides presenta una visión en la que la providencia divina se manifiesta no solo como un acto de cuidado, sino también como un reflejo de la armonía entre la divinidad y la razón humana.

LA TEODICEA

La teodicea es un término que emerge de la necesidad filosófica de abordar uno de los dilemas más profundos y persistentes en la historia del pensamiento: el problema del mal en un mundo gobernado por un Dios que se presume omnipotente, omnisciente y bondadoso. Este término, que literalmente significa «justicia de Dios», fue acuñado por el filósofo alemán Gottfried Wilhelm Leibniz en su obra *Ensayos de teodicea* de 1710. La teodicea busca reconciliar la existencia del mal y el sufrimiento en el mundo con la noción de un Dios justo y bueno.

El problema del mal, que es central en la teodicea, ha sido una cuestión contemplada y debatida por filósofos y teólogos desde la Antigüedad. Sin embargo, fue Leibniz quien primero formalizó el término «teodicea» y proporcionó un marco estructurado para el debate. Su teodicea se basa en argumentos racionales para justificar la existencia de un Dios benevolente a pesar de la evidencia del mal y el sufrimiento en el mundo. Leibniz argumentaba que nuestro mundo, a pesar de sus defectos, es «el mejor de los mundos posibles» que Dios podría haber creado, dado un conjunto de limitaciones lógicas y morales. Es verdad que esta afirmación le costó duras críticas en su momento, incluso Voltaire arremetía indirectamente contra esta idea cuando escribió su *Cándido*. Sea como fuere, la teodicea es significativa en la filosofía por varias razones que conviene señalar.

Primero, la integración de teología y filosofía. La teodicea representa un punto donde la teología y la filosofía se encuentran y se entrelazan. Ofrece un terreno para que filósofos y teólogos discutan cuestiones fundamentales sobre la naturaleza de Dios, el mal y el libre albedrío. Segundo, la teodicea supone una reflexión necesaria sobre el mal y el sufrimiento. Permite una exploración profunda del mal y el sufrimiento humano, planteando preguntas sobre su origen, su propósito y su eventual resolución o redención. Tercero, marca un debate sobre la libertad y la predestinación, una cuestión que ha marcado la historia de la filosofía y las religiones. La teodicea también alimenta el debate sobre la libertad humana frente a la predestinación divina, un tema central en muchas discusiones filosóficas y teológicas.

En la filosofía en general, la teodicea desempeña un papel crucial al desafiar a los filósofos a reconciliar dos aspectos aparentemente incongruentes de la realidad: la existencia de un Dios amoroso y la presencia del mal y el sufrimiento. Esto ha llevado a numerosas respuestas y teorías, desde el optimismo de Leibniz hasta las críticas de filósofos como David Hume, quien argumentaba que la presencia del mal hace improbable la existencia de un Dios bondadoso.

Gottfried Wilhelm Leibniz

La teodicea en la filosofía de Maimónides también tiene su papel, pues este abordó el problema del mal en su obra en diversas ocasiones, como ya hemos tenido oportunidad de ver. Sin embargo, su enfoque difiere significativamente de la teodicea cristiana tradicional. Maimónides veía el mal no como una presencia activa, sino como una ausencia de bien, una perspectiva que se alinea con la filosofía neoplatónica. Según él, el mal es el resultado de la imperfección inherente al mundo material y la distancia de lo divino. Maimónides también enfatizaba el papel del libre albedrío humano en la comprensión del mal y el sufrimiento. Su enfoque racionalista hacia la teodicea subraya la importancia de la sabiduría y el entendimiento en la aproximación al problema del mal. La teodicea, como concepto y como campo de estudio, representa una búsqueda incesante de respuestas a algunas de las preguntas más profundas y perturbadoras sobre la existencia humana y la naturaleza de lo divino. A través de su exploración, ofrece una ventana a la complejidad y profundidad del pensamiento filosófico y teológico.

LA PARADOJA DE EPICURO

La paradoja de Epicuro es una famosa formulación que aborda el problema del mal y cuestiona la naturaleza de Dios. Atribuida a Epicuro, un filósofo griego que vivió entre el 341 y el 270 a. C., esta paradoja expone un dilema lógico que ha sido central en las discusiones teológicas y filosóficas sobre la existencia y naturaleza de Dios. La paradoja se expresa generalmente de la siguiente manera:

Si Dios es capaz de prevenir el mal, pero no está dispuesto a hacerlo, entonces es malévolo.

Si Dios está dispuesto a prevenir el mal, pero no es capaz de hacerlo, entonces es impotente.

Si Dios es tanto capaz como dispuesto a prevenir el mal, entonces, ¿por qué existe el mal?

Si Dios ni está dispuesto ni es capaz de prevenir el mal, entonces, ¿por qué llamarlo Dios?

Esta formulación busca desafiar la idea de un Dios que es a la vez omnipotente (todopoderoso), benevolente y omnisciente (lo conoce todo). Si un ser posee estas tres cualidades, parece contradictorio que el mal y el sufrimiento existan en el mundo.

A lo largo de los siglos ha habido numerosas interpretaciones y réplicas a esta paradoja. Filósofos y teólogos han ofrecido diversas respuestas y reflexiones sobre la paradoja de Epicuro. Por ejemplo, las siguientes:

Libre albedrío: Una respuesta común es que Dios otorga a los seres humanos libre albedrío, y el mal es un resultado inevitable de este libre albedrío. En esta visión, la capacidad de elegir el bien o el mal es esencial para la experiencia humana y la moralidad.

El mal como prueba o lección: Otra interpretación sugiere que el mal y el sufrimiento son pruebas o lecciones diseñadas por Dios para el crecimiento y desarrollo espiritual de la humanidad.

El mal como ausencia de bien: Algunas filosofías, como la de Maimónides, consideran el mal no como una entidad en sí misma, sino como una ausencia o privación de bien, como un alejamiento de la divinidad.

El mal como limitación de la creación: Otra perspectiva sostiene que el mal es una consecuencia inevitable de las limitaciones del mundo material, que no puede ser perfecto como lo es lo divino.

Cuestionamiento de la omnipotencia o la bondad de Dios: Algunos han tomado la paradoja como un punto de partida para cuestionar o redefinir las cualidades tradicionalmente atribuidas a Dios, como su omnipotencia o su omnibenevolencia.

La paradoja de Epicuro continúa siendo una herramienta importante en la discusión filosófica y teológica, impulsando a los pensadores a explorar profundamente las implicaciones de la existencia del mal y la naturaleza de la divinidad. Su relevancia perdura en tanto siguen siendo preguntas fundamentales sobre la condición humana y el universo en el que vivimos.

Veamos la paradoja en las propias palabras de Epicuro:

Dios o quiere suprimir los males y no puede, o puede y no quiere, o no quiere ni puede, o quiere y puede. Si quiere y no puede, es impotente, y Dios no puede ser impotente. Si puede y no quiere, es envidioso, y Dios no puede serlo. Si no quiere y no puede, es envidioso e impotente y, por consiguiente, no es Dios. Si quiere y puede (que es lo único que le corresponde), ¿de dónde viene la existencia del mal y por qué no lo suprime?

Epicuro, fragmento 374.

LA INTERPRETACIÓN DE MAIMÓNIDES SOBRE EL MAL: LA AUSENCIA DE PROVIDENCIA DIVINA

La providencia divina es un concepto teológico que se refiere a la presencia y guía de Dios en todos los aspectos del universo. Según esta creencia, Dios no solo crea el mundo, sino que también lo mantiene y dirige hacia un propósito o destino final. La idea del mal como falta de providencia es una perspectiva interesante que se alinea con ciertas interpretaciones filosóficas y teológicas. En este contexto, el «mal» se entiende no como una fuerza activa o una entidad en sí misma, sino más bien como una ausencia o falta de la guía y presencia divina (providencia). Esta interpretación puede ser vista en paralelo con la metáfora de que la oscuridad no es una entidad en sí misma, sino la ausencia de luz.

Esta perspectiva puede ofrecer una forma de reconciliar la existencia del mal con la creencia en un Dios benevolente y omnipotente. En lugar de ver el mal como algo que Dios crea o permite activamente, se lo interpreta como el resultado de la ausencia de la influencia divina. Esto podría estar relacionado con el libre albedrío, donde la libertad humana para elegir acciones apartadas de la guía divina resulta en mal o sufrimiento.

Maimónides abordó extensamente temas relacionados con la naturaleza de Dios, el mal y la providencia divina. Nuestro autor pudo haber entendido el mal en relación con la providencia divina, explorando la idea de que el mal es lo que ocurre cuando falta la guía o presencia de Dios, que es una de las ideas que se repiten insistentemente en su obra tanto teológica como filosófica. Dicho en otras palabras: al abordar uno de los dilemas filosóficos más profundos, el problema del mal en el mundo, nos enfrentamos a una cuestión crucial: ¿cómo se puede reconciliar la existencia de un Dios justo con el sufrimiento de los inocentes y la prosperidad de los malvados? Esta ha sido una objeción persistente a lo largo de la historia del pensamiento hacia cualquier noción de una divinidad providencial, ya desde el nacimiento de la filosofía hasta nuestros días. Desde una perspectiva inversa, se plantea el desafío de entender cómo un Dios justo puede permitir la felicidad de los injustos. Maimónides, un erudito en estas materias, rechaza la idea de que Dios consienta el sufrimiento de los justos o la felicidad de los injustos. Argumenta que los estándares humanos para juzgar la justicia y la recompensa o castigo no se alinean con los de la sabiduría divina, que supera en magnitud las capacidades racionales del ser humano.

Según Maimónides, la discrepancia entre la percepción humana y la divina implica que lo que los humanos consideran justo o injusto, o incluso lo que ven como recompensa o castigo, puede no serlo realmente. En su perspectiva, la verdadera libertad no consiste tanto en actuar según el deseo individual y esperar recompensas o castigos correspondientes, sino en la capacidad de alinear la inteligencia humana con la inteligencia divina. Esta alineación, de hecho, es la recompensa en sí, ya que proporciona la claridad sobre cómo actuar de manera que se maximice la felicidad y se minimice el sufrimiento.

Maimónides ofrece una visión innovadora de la providencia divina. Sostiene que Dios siempre está dispuesto a favorecer a la humanidad, pero este favor no es un regalo arbitrario ni se otorga universalmente. La relación no es de arriba hacia abajo, de Dios al hombre, sino al contrario, del hombre a Dios. Son los seres humanos quienes eligen si se colocan bajo la protección de la providencia o fuera de su alcance. Sin embargo, beneficiarse de la providencia es tan desafiante como acceder a verdades elevadas, algo que ni siquiera es común entre los sabios y está fuera del alcance de la mayoría.

Para Maimónides, el estado natural del ser humano lo sitúa lejos de la providencia. La comprensión correcta de la lógica con la que Dios ha creado el mundo es un don profético. Figuras como Moisés y los patriarcas vivieron en una cercanía constante con Dios, disfrutando de su protección providencial de manera perpetua. Sin embargo, para la mayoría de los hombres, incluso aquellos cuya vida se adhiere a los mandamientos divinos, existen momentos en los que sus necesidades corporales y materiales los alejan temporalmente de Dios. Es en estos instantes cuando quedan fuera del alcance de la providencia y se enfrentan a la adversidad.

La interpretación de Maimónides sobre el mal, como estamos tratando de señalar y no nos importa repetir, se centra en la idea de que se origina cuando los individuos se alejan de la divinidad. Según esta visión, el mal no es una entidad o fuerza autónoma, sino más bien una consecuencia de la desconexión o distanciamiento del ser humano de Dios. Maimónides argumenta que la verdadera comprensión de la justicia, el bien y el mal, es un reflejo de la alineación de la inteligencia humana con la sabiduría divina. Cuando las personas actúan de acuerdo con esta sabiduría, se minimizan los actos y experiencias malas. Por lo tanto, el mal surge no como una creación de Dios, sino como un subproducto de la desviación humana de la voluntad divina.

Esta perspectiva puede contrastarse con la famosa paradoja de Epicuro, ya presentada en páginas anteriores, sobre la existencia del mal. Según Epicuro, si Dios quiere prevenir el mal pero no puede, entonces no es omnipotente; si puede pero no quiere, entonces no es benevolente; si ni quiere ni puede, entonces no es ni omnipotente ni benevolente; y si quiere y puede, lo cual sería lo esperado de un Dios justo y omnipotente, ¿por qué entonces existe el mal?

Maimónides aborda esta cuestión desde una perspectiva diferente. En lugar de cuestionar la naturaleza o las capacidades de Dios frente al mal, enfoca su atención en la responsabilidad y las acciones humanas. En su interpretación, Dios ha establecido un marco en el cual el bien y el mal son el resultado de las elecciones humanas. La justicia divina y la providencia no están directamente involucradas en la creación del mal; más bien, el mal es el resultado de la desviación del camino que Dios ha delineado para la humanidad. En este sentido, la existencia del mal no contradice la benevolencia o la omnipotencia de Dios, sino que refleja la libertad humana y la responsabilidad en su relación con lo divino.

Así, mientras que Epicuro cuestiona la compatibilidad de un Dios justo y omnipotente con la existencia del mal, Maimónides ve el mal como una consecuencia de la libertad humana y la falta de alineación con la sabiduría divina. La paradoja de Epicuro implica una crítica a la naturaleza de Dios en relación con el mal, mientras que Maimónides ve el mal como un problema inherente a la condición humana y sus decisiones, más que como un reflejo directo de las características o acciones de Dios. La aproximación de Maimónides proporciona una perspectiva en la cual el mal es visto como el resultado del alejamiento humano de lo divino, ofreciendo una respuesta alternativa a la paradoja de Epicuro que se centra en la autonomía y responsabilidad humanas en lugar de en las cualidades de Dios.

Podemos terminar este capítulo diciendo que, dada la dualidad material y espiritual del ser humano, Maimónides concluye que disfrutar permanentemente de la providencia divina es un privilegio extremadamente raro, reservado para unos pocos elegidos. En resumen, la relación entre el mal en el mundo y la justicia divina, según Maimónides, se centra en la alineación o desalineación de la inteligencia humana con la sabiduría de Dios, más que en la intervención directa de un ser divino en los asuntos terrenales.

CAPÍTULO 4

Los años de madurez de Maimónides y máximo apogeo

«Todas nuestras obras son pequeñas y claras. No es nuestra intención agrandar el cuerpo de los libros, ni gastar el tiempo en aquello que no ha de proporcionar beneficio».
Maimónides, Epístola sobre la resurrección de los muertos.

LA VIDA DE MAIMÓNIDES EN FUSTAT

Disponemos de un testimonio del propio Maimónides sobre el régimen de vida que llevaba en los años de pleno apogeo profesional, personal y filosófico. El fragmento que nos disponemos a compartir procede de una carta que Maimónides dirigió a Samuel ibn Tibbon el día 30 de septiembre del año 1199, cinco años antes de la muerte de nuestro pensador. Samuel ibn Tibbon fue un destacado traductor, filósofo y médico judío del siglo XII, más conocido por sus traducciones del árabe al hebreo. Perteneció a toda una saga de traductores que se había granjeado una enorme fama en la mayoría de las juderías europeas. Nació en la ciudad de Lunel, en el sur de Francia, una región que en ese momento era un importante centro de la cultura judía. Tibbon es más famoso por su traducción de la obra maestra de Maimónides, *Guía de perplejos* (*Moreh Nevukhim*), del árabe al hebreo. La traducción de Tibbon jugó un papel crucial en hacer accesibles las ideas de Maimónides a un público más amplio dentro de la comunidad judía, especialmente a aquellos que no estaban familiarizados con el árabe.

La contribución de Tibbon no se limitó a ser un mero traductor; él también proporcionó comentarios y explicaciones sobre los textos que traducía. Estas aclaraciones eran fundamentales para entender algunos de los conceptos filosóficos y teológicos complejos presentados en las obras. Además, Samuel ibn Tibbon también escribió obras originales sobre filosofía y medicina, reflejando su amplio conocimiento y su interés en varios campos del saber. Su trabajo no solo enriqueció la literatura y la filosofía judías, sino que también sirvió como un puente importante para la transferencia de conocimientos desde el mundo islámico al judío y, posteriormente, al cristiano en la Europa medieval.

Página de título *Guía de los perplejos* de Maimónides.

Samuel ibn Tibbon fue una figura significativa en la historia judía y en la historia intelectual de la Edad Media, reconocido principalmente por su rol crucial en la traducción y la interpretación de textos filosóficos y teológicos importantes. En el caso que nos atañe, la traducción de *Guía de perplejos*, Samuel ibn Tibbon no solo dio al hebreo, como lengua, una de las obras más relevantes de filosofía escritas en esa lengua, sino también sentó las bases sobre la terminología filosófica en hebreo y marcó las estructuras de sentencias de un modo que seguirían siendo bases válidas durante mucho tiempo después de hecha esta traducción.

Maimónides le escribió la carta que ha llegado hasta nosotros en respuesta a una serie de cuestiones que Tibbon le había planteado en una epístola anterior sobre la traducción de *Guía de perplejos*. Tibbon no sabía cómo afrontar determinadas cuestiones y le envió una carta muy detallada y técnica a Maimónides y este replicó con respuestas minuciosas a todas las dudas y objeciones que le planteó el traductor.

Como la riqueza del testimonio de Maimónides, recogido en su epístola a Samuel ibn Tibbon, nos parece particularmente valiosa para comprender en su justa medida cómo vivía nuestro pensador, vamos a recoger *in extenso* un largo pasaje de la misma:

> Respecto a lo que mencionas sobre tu venida, ¡ven, bendito sea Dios y que él bendiga tu llegada! Me alegro y regocijo mucho por ello, anhelo, ansío y espero tu compañía, aspiro y deseo ver tu rostro. Me resulta más grato a mí que la alegría que tú puedas sentir. Aunque me sea difícil, he de hacerte saber que tu viaje encierra los peligros del mar y debo aconsejarte que no te arriesgues. No lograrás con tu venida sino ver mi rostro, obtendrás lo que me sea posible darte. Tú puedes esperar una sola hora en la noche o el día, como regla, para la ayuda de la sabiduría o la soledad y el aislamiento conmigo. Mi ocupación es como voy a describirte:

Vivo en Fustat y el rey vive en el Cairo, entre ambos lugares hay un *tehum sabat*[1]. El tratamiento del rey me resulta muy pesado, es imposible no verle cada día, a primera hora. Cuando le encuentro débil, o enferma uno de sus hijos o de sus concubinas, aunque no estoy prisionero en El Cairo, paso gran parte del día en casa del rey. No es raro que uno o dos oficiales enfermen y es necesario que me ocupe de su curación. Generalmente subo a El Cairo de madrugada y, si no hay allí ningún impedimento, ni surge nada nuevo, vuelvo a Fustat después del mediodía. Casi nunca llego antes.

Llego hambriento y encuentro en el vestíbulo todo un gentío: hijos de gentiles y judíos, personas importantes y vulgares, jueces y comisarios, amigos y enemigos. Una mezcla de gente que conoce la hora de mi llegada. Me bajo del animal, me lavo las manos y salgo a su encuentro con el fin de calmarles, complacerles y rogarles respetuosamente que me excusen y me den tiempo para tomar una comida insignificante, que tomo de tarde en tarde. Salgo a curarles y escribir notas y recetas médicas para sus enfermedades, ellos siguen allí y no se van hasta la noche. A veces, ¡por la verdad de la Ley!, hasta dos horas o más después de pasada la noche. Les receto, les prescribo y hablo con ellos. Descanso echado sobre la espalda y, cuando es de noche, al final no puedo ni hablar a causa de la debilidad.

Después de esto ni uno solo de los israelitas puede hablarme o encontrarse y aislarse conmigo excepto el sábado. Entonces viene toda la comunidad o muchos de ellos. Tras la oración trato con los reunidos sobre lo que hacen cada día de la semana, se realizan lecturas cortas hasta el mediodía, en que cada uno toma su camino. Vuelven unos pocos y leen de nuevo después de la oración de la tarde, hasta la del crepúsculo.

Esta es mi ocupación diaria. Te escribo estas pocas cosas para que consideres si vendrás, con la ayuda de Dios bendito. Una vez que termines para los nuestros el comentario y

---

1   *Tehum sabat* es la distancia límite que un judío podía recorrer en el Sabbat, el día sagrado, el sábado. Algunos lo han cifrado en 960 metros aproximadamente.

la traducción que has iniciado —y ya empezada tienes el deber de acabarla—, vendrás a la ciudad como una visita y no para recibir la ayuda del estudioso, pues mi tiempo está muy ocupado.

Este testimonio es muy elocuente del modo de vida tan ocupado y denso que llevaba Maimónides en los últimos años de su vida, cuando había alcanzado un enorme prestigio como médico, filósofo y líder de la comunidad judía.

Teniendo todo esto en cuenta, podemos ver cómo Maimónides era reconocido tanto en su comunidad judía por su profunda comprensión de la Torá como entre los no judíos de Fustat por su habilidad en la medicina. Fue esta disciplina la que mayor prestigio le permitió alcanzar fuera de la aljama judía. En 1185, su reputación como médico le llevó a ser nombrado médico personal del gran administrador del visir de Saladino, al-Fadil al-Baysani, lo que marcó su entrada en la corte de El Cairo. Pronto, Maimónides se convirtió en una figura respetada también por el propio sultán. Este reconocimiento, aunque era un gran honor, venía con responsabilidades que consumían mucho del tiempo que Maimónides hubiera preferido dedicar al estudio y la escritura.

En 1191, describió en una carta a su discípulo José ben Yehudá lo exigente que era su rutina diaria, señalando que su fama en la medicina le exigía atender a los nobles sin recibir honorarios, dedicándose en su tiempo libre a estudiar textos médicos, un arte que consideraba exigente y meticuloso.

Te informo que he adquirido en medicina una gran fama entre los grandes, [...] de los cuales generalmente no recibo ningún honorario, igual que ocurre con la gente corriente, pues estoy en un nivel demasiado alto para que puedan pagarme. Esto me obliga continuamente a pasar parte del día en El Cairo, pasando consulta a los nobles. Cuando vuelvo a Fustat, lo más que puedo hacer es estudiar libros de medicina, que tan importantes son para mí. Pues tú sabes lo difícil que es este arte para un hombre concienzudo y exigente que no quiere afirmar nada que no pueda demostrar.

A pesar de su agotadora agenda, Maimónides logró equilibrar sus responsabilidades médicas y comunitarias con su pasión por el estudio. En 1191, como ya hemos indicado anteriormente, completó su obra más significativa desde el punto de vista filosófico, *Guía de perplejos*. Este logro coincidió con un período turbulento en la historia, marcado por los esfuerzos de Saladino para expulsar a los cristianos de Tierra Santa y restablecer el dominio islámico en Jerusalén. Estos eventos impactaron profundamente en Europa y, tras la muerte del papa Urbano II, su sucesor, Gregorio VIII, proclamó una nueva cruzada. Esta cruzada atrajo a figuras como el emperador Federico I Barbarroja, y los reyes Felipe II Augusto de Francia y Ricardo Corazón de León de Inglaterra. A pesar de la muerte de Barbarroja en 1190, Felipe II de Francia y Ricardo Corazón de León desembarcaron en Tierra Santa en 1191, capturando la ciudad de San Juan de Acre. Sin embargo, las disputas internas llevaron a la retirada de los franceses, mientras Ricardo Corazón de León persistió, enfrentándose a Saladino y obteniendo victorias que fortalecieron su leyenda.

En 1192, las tensiones en Inglaterra y las dificultades de su ejército en Tierra Santa obligaron a Ricardo a negociar un tratado de paz con Saladino. Según este tratado, Acre permaneció en manos cristianas y, aunque Jerusalén quedó bajo el dominio islámico, se garantizó a los peregrinos cristianos el libre acceso y la protección de Saladino.

Maimónides, en medio de estos acontecimientos históricos, se mantuvo como una figura prominente, equilibrando su vida entre las obligaciones médicas y su dedicación a la erudición. Su habilidad para compaginar estos roles, a pesar de las demandas y desafíos de su tiempo, refleja su excepcional contribución tanto a su comunidad judía como al mundo en general. Su legado, particularmente en la filosofía y la medicina, continúa siendo un testimonio de su profunda sabiduría y compromiso con su práctica y enseñanzas.

No está de más insistir, con objeto de comprender en su justa medida la situación vital de nuestro autor, en que

Maimónides vivió en una época marcada por profundas tensiones y conflictos, como resulta obvio al analizar las coordenadas espacio temporales que le tocó vivir. Por una parte, se encontraba en el contexto más amplio de las Cruzadas y, por otro, él vivía en un entorno musulmán. La negociación del tratado de paz en 1192 entre Ricardo Corazón de León y Saladino, que mantuvo Acre en manos cristianas y permitió el acceso de los peregrinos cristianos a Jerusalén bajo la protección islámica, es un claro ejemplo de las complejidades políticas y militares de la época.

En medio de estas turbulencias, la posición de Maimónides es particularmente notable. A pesar de los conflictos religiosos y políticos que lo rodeaban, logró mantener una postura de equilibrio y respeto entre diversas culturas y creencias. Su papel como médico de la corte de Saladino le puso en una posición única, sirviendo a un líder musulmán mientras mantenía su profunda fe y compromiso con la comunidad judía. Esta dualidad no era solo un reflejo de su habilidad personal para navegar en un mundo complejo y a menudo dividido, sino también un testimonio de la tolerancia y el respeto mutuo que podían existir incluso en tiempos de gran conflicto.

Su trabajo durante este período es un reflejo de su enfoque equilibrado y su capacidad para integrar diversas corrientes de pensamiento. Maimónides no solo atendía sus deberes médicos, sino que también se dedicaba intensamente a la escritura y el estudio, produciendo obras que influirían profundamente en el pensamiento judío, islámico y cristiano. Como veremos más adelante, su libro *Guía de perplejos*, por ejemplo, no solo abordaba cuestiones de fe y filosofía desde una perspectiva judía, sino que también dialogaba con las ideas islámicas y filosóficas griegas, mostrando una asombrosa capacidad para encontrar puntos en común entre diferentes tradiciones intelectuales.

La habilidad de Maimónides para mantener su integridad intelectual y religiosa, mientras participaba activamente en la sociedad musulmana, es un claro indicador de su excepcional carácter y habilidades. En un tiempo donde las diferencias religiosas a menudo llevaban a conflictos violentos, Maimónides se destacó como un ejemplo de coexistencia pacífica y colaboración intercultural. Su legado, que abarca la medicina, la filosofía y la ley judía, sigue siendo un poderoso recordatorio de la posibilidad de diálogo y entendimiento en medio de la diversidad y el conflicto.

POLÍTICA Y DIPLOMACIA EN MAIMÓNIDES

Maimónides no se limitó a la esfera del pensamiento abstracto o teórico. Su interacción constante con personas de diversos estratos sociales, creencias y religiones en El Cairo, combinada con su experiencia personal marcada por la persecución y el exilio, lo llevó a explorar aspectos de la filosofía que podríamos denominar «aplicada». Su enfoque en la relación entre el individuo y la sociedad, así como su indagación sobre la mejor forma de gobierno para las comunidades humanas, revela una profunda comprensión de las realidades políticas y sociales de su tiempo.

Las comunidades judías en la Edad Media, dispersas a lo largo del Mediterráneo, no vivían en aislamiento a pesar de concentrarse en barrios o juderías específicas. Estas comunidades mantenían una interacción intensa con sus vecinos, aunque esta relación a menudo se veía empañada por la persecución. Políticamente, estas comunidades gozaban de una autonomía significativa bajo la autoridad de reyes o sultanes, administrando justicia según sus propias leyes y recaudando impuestos para las necesidades comunitarias. En ciudades grandes, era común la coexistencia de comunidades judías de diferentes orígenes, cada una con sus propias sinagogas y prácticas culturales. Esta realidad fue, entre otros motivos, motivo frecuente de fricción y conflicto, pues no todas las autoridades aceptaban de buena gana esa autonomía de las aljamas judías.

Fustat es un ejemplo notable de esta diversidad, con dos grandes comunidades: una de origen palestino, a la cual pertenecía Maimónides, y otra de Babilonia. Esta autonomía relativa, junto con la prominencia de lo religioso, fomentó una convergencia entre la política y la religión. La Torá no era solo un texto sagrado, sino también un marco para establecer normas de convivencia comunitaria. En este contexto, el debate judío se centraba más en interpretar la dimensión política de los textos sagrados que en innovar en formas de gobierno.

Maimónides, sin embargo, no se conformó con esta tendencia. Su propuesta de gobierno se nutrió de la tradición judía, pero también mostró su habilidad para integrar elementos del pensamiento platónico-aristotélico. Esta capacidad de síntesis es característica de su obra: una fusión de la sabiduría judía con la filosofía griega. A través de esta integración, Maimónides buscó una forma de gobierno que no solo respetara las tradiciones y leyes judías, sino que también estuviera informada por los principios de la filosofía moral y política griega.

Esta fusión de ideas muestra la profundidad y el alcance del pensamiento de Maimónides. En su tiempo, la filosofía política no era simplemente una cuestión teórica; estaba intrínsecamente ligada a las realidades sociales y comunitarias. Maimónides entendió que cualquier forma de gobierno eficaz debía tener en cuenta tanto las necesidades espirituales como las materiales de la gente. Su enfoque resaltó la importancia de la justicia, la equidad y la ética en la administración de las comunidades, principios que permanecen relevantes en la filosofía política contemporánea, lo cual pone de manifiesto la intuición y actualidad del pensamiento de nuestro autor.

Además, la habilidad de Maimónides para navegar entre diferentes culturas y sistemas de creencias, manteniendo su identidad judía mientras interactuaba con el mundo islámico y se nutría de la filosofía griega, lo sitúa como un modelo de intelectual global en una época donde tales interacciones eran menos comunes. Su legado no se limita a sus contribuciones en filosofía y medicina; también incluye un profundo entendimiento de cómo las sociedades pueden ser gobernadas de manera justa y ética, respetando la diversidad cultural y religiosa. Su obra sigue siendo una fuente valiosa de sabiduría en la comprensión de la compleja relación entre religión, política y sociedad.

Durante el siglo XII, Fustat fue el hogar de una notable diversidad dentro de su comunidad judía. Esta diversidad se evidenciaba especialmente en la existencia de dos grandes comunidades judías, cada una con sus propias raíces culturales y tradiciones: una de origen palestino y otra de Babilonia.

La comunidad palestina, a la cual pertenecía Maimónides, estaba compuesta principalmente por judíos que habían emigrado desde la región de Palestina. Esta comunidad traía consigo una rica herencia de prácticas y tradiciones religiosas específicas de su región de origen. La influencia de su entorno original en Palestina se reflejaba en sus rituales, interpretaciones de la ley judía (Halajá) y en su idioma litúrgico.

Por otro lado, la comunidad babilónica tenía sus raíces en la diáspora judía en lo que hoy es Irak. Esta comunidad estaba marcada por su propia historia y experiencias, incluyendo su interacción con la cultura y la sociedad babilónicas. Los judíos babilónicos en Fustat tenían su propia forma de práctica religiosa, que difería en ciertos aspectos de la comunidad palestina. Estas diferencias se podían ver en aspectos como el rito litúrgico, las interpretaciones de textos sagrados y en ciertos aspectos culturales.

La convivencia de estas dos comunidades en Fustat es un testimonio de la riqueza y la complejidad de la diáspora judía en la Edad Media. A pesar de sus diferencias en prácticas y tradiciones, ambas comunidades compartían un compromiso común con la fe y las leyes judías, lo que permitía una coexistencia relativamente armoniosa dentro del tejido social más amplio de Fustat.

Maimónides, como miembro de la comunidad judía palestina en Fustat, vivió y trabajó en este entorno multicultural. Su experiencia en una ciudad con tal diversidad cultural y religiosa no solo influyó en su pensamiento y escritos, sino que también le proporcionó una perspectiva única que enriqueció su trabajo, permitiéndole abordar temas de fe, ley y filosofía desde una visión amplia e inclusiva. La presencia de estas comunidades en Fustat es un recordatorio fascinante de la diversidad dentro de la historia judía y de cómo diferentes tradiciones y prácticas pueden coexistir y enriquecerse mutuamente.

Maimónides, al reflexionar sobre el pensamiento político, adoptó la premisa aristotélica de que «el hombre es un animal social». Esta idea, fundamentada en la palabra griega «politikón» derivada de «polis», término que suele traducirse por «ciudad» pero que en realidad hace referencia al grupo de personas que viven en comunidad, establece una conexión intrínseca entre el ser humano y la estructura de la ciudad. Más allá de la simple sociabilidad, la noción aristotélica de la sociabilidad humana implica una necesidad de vivir y desarrollarse dentro de una comunidad bien organizada y regida por leyes. Este concepto va en contra de la autarquía, donde cada individuo es autosuficiente.

Maimónides reconoció que, si bien la naturaleza humana inclina a las personas a vivir en sociedad y todos poseen una capacidad intelectual (variable según los individuos pero universal para todos los seres humanos) para comprender conceptos políticos básicos como lo «justo» e «injusto», estos factores no garantizan por sí solos una convivencia política armoniosa. La razón de este desafío reside en otro aspecto fundamental de la naturaleza humana: el temperamento. Maimónides observó una diversidad notable en el temperamento humano, mucho más marcada que en otras especies animales, donde las diferencias individuales suelen ser mínimas.

Esta diversidad humana, según Maimónides, es tan extrema que algunos individuos parecen pertenecer a diferentes especies, dada la disparidad en sus cualidades morales. En su obra *Guía de perplejos*, ilustra este punto con el ejemplo de una persona capaz de cometer un acto de crueldad extrema, como matar a su propio hijo en un arranque de ira, en contraste con otra que no podría dañar ni a una mosca. Esta variabilidad temperamental hace que la regulación política de la sociedad sea esencial para prevenir que estas diferencias se conviertan en barreras insuperables para la convivencia humana. Esta temática nos parece de la máxima actualidad, pues precisamente nuestras sociedades se hallan actualmente atravesadas por divisiones, polarización y disenso mal conducido.

Maimónides, entonces, señala que la formación de instituciones políticas responde a dos imperativos naturales y contrapuestos de la especie humana: la necesidad innata de agruparse, derivada de su condición de «animal social», y la imposibilidad de hacerlo completamente debido a la diversidad temperamental. Estos dos aspectos fundamentales influenciaron profundamente su concepción del sistema de gobierno ideal y son, en cierto modo, un antecedente de la famosa expresión de Immanuel Kant que hablaba de la «insociable sociabilidad del hombre».

La disparidad temperamental entre los humanos, según Maimónides, requiere la existencia de dos instancias de orden superior: por un lado, la ley, que busca la igualdad y homogeneidad, y por otro, la figura del rey, que ejerce autoridad y toma decisiones. En este contexto, la ley actúa como un nivelador, estableciendo un marco común dentro del cual pueden interactuar individuos de temperamentos muy diferentes. Por su parte, el rey o gobernante funciona como un árbitro y guía, cuya autoridad ayuda a manejar las complejidades y conflictos que surgen de estas diferencias inherentes.

La visión de Maimónides sobre la política, por lo tanto, no se limita a una simple aceptación de las normas y estructuras existentes. En cambio, representa una profunda comprensión de la naturaleza humana y una reflexión sobre cómo las instituciones políticas pueden y deben ser diseñadas para acomodar y armonizar las vastas diferencias individuales. Su enfoque subraya la importancia de un sistema de gobierno que no solo reconozca y respete la diversidad humana, sino que también promueva un orden y una convivencia justa. En este sentido, Maimónides se adelantó a su tiempo, anticipando muchas de las cuestiones que siguen siendo centrales en el debate político y filosófico contemporáneo.

ORÍGENES Y LÍMITES DEL CONOCIMIENTO MORAL

Como ya se ha ido intuyendo en las páginas anteriores, un concepto central en el pensamiento de Maimónides es que la Ley, la Torá, provee de la guía para la actividad virtuosa. Es crucial entender que, para nuestro autor, seguir la Torá no implica una obediencia mecánica o carente de reflexión o crítica. Ya hemos visto la importancia que él le daba a la búsqueda de un entendimiento más profundo de los mandamientos, lo que implicaba cuestionamiento, dialéctica, elaboración y aplicación del juicio a nuevos casos. Por lo tanto, aunque la ética de Maimónides no incluya una virtud de sabiduría práctica *per se*, la razón y el razonamiento desempeñan un papel vital y extenso en ella.

Es importante recordar también que Maimónides creía que el bien y el mal se relacionan más con la imaginación que con el intelecto. Esto no significa que considerara que el bien y el mal son subjetivos o que no haya una diferencia objetiva entre lo correcto y lo erróneo en estas cuestiones. Aunque no pensaba que el bien y el mal fueran objetos del intelecto, sí creía que los juicios sobre ellos podrían estar respaldados, o no, por razones. El contraste clave aquí no es entre lo racional y lo convencional o subjetivo, sino entre lo demostrable y lo no demostrable. Los juicios sobre el bien y el mal no son demostrables, pero tampoco son meramente convencionales. En las ciencias es donde es posible la demostración, pero eso no relega el juicio ético al ámbito de lo meramente convencional, expresivo o subjetivo.

Podemos obtener más claridad sobre este tema considerando el uso que Maimónides hace de lo que se traduce como «generalmente aceptado». Maimónides utiliza la noción de lo «generalmente aceptado» en varios lugares de *Guía de perplejos*. Parece usarlo de dos maneras. En un sentido, «generalmente aceptado» se refiere a creencias y prácticas ampliamente sostenidas, sean verdaderas o respaldadas por buenas razones o no. Por ejemplo, en la Antigüedad se aceptaba generalmente que las estrellas ejercían poder causal sobre las acciones humanas (una visión a la que Maimónides se oponía). Esa era una creencia ampliamente sostenida, aunque falsa.

En un segundo sentido, algo puede ser considerado «generalmente aceptado» en la medida en que se sostiene ampliamente sobre la base de buenas razones, aunque no sea demostrable. El asunto en cuestión no se conoce por intuición o demostración, pero tampoco es simplemente una cuestión de costumbre o convención antigua. Hay fundamentos para ello, de tal manera que es razonable mantenerlo. Las creencias morales son generalmente aceptadas en ese segundo sentido. Por lo tanto, Dios desea borrar de nuestras mentes algunas de las cosas que son generalmente aceptadas, como es el caso de las creencias idolátricas, mientras que algunas de las cosas que son generalmente aceptadas son importantes para que las creamos y las usemos como base para la acción. Lo generalmente aceptado, en este sentido, no es meramente una cuestión de ser comúnmente creído. Es una cuestión de ser una creencia justificada, aunque no demostrable.

Anteriormente, señalamos que, según Maimónides, hay razones para todos los mandamientos. Las razones para ellos no siempre son evidentes y, en muchos casos, cuando buscamos tras ellas, encontramos que su justificación sigue siendo esquiva. Por ejemplo, podemos ver que hay razones para castigar ciertos tipos de conducta; puede ser fácilmente entendido que ciertos tipos de acciones cuentan como crímenes o delitos. Puede no estar claro por qué el castigo es de cuarenta latigazos en lugar de treinta y nueve o cuarenta y uno. Quizás estemos de acuerdo en que sesenta serían demasiados y diez serían muy pocos. Pero, ¿por qué el mandamiento nos dice cuarenta? En tales casos, Maimónides nos dice que se tenía que elegir algún número para que hubiera claridad sobre lo que se requiere, y Dios tenía una razón para el grado de severidad del castigo, incluso si no es racionalmente evidente que deba ser cuarenta. En algunos casos, incluso Dios simplemente tiene que hacer una elección dentro de un rango determinado por su sabiduría.

Existe una conexión importante entre este tema y la discusión anterior sobre las razones de los mandamientos. Muchos de los mandamientos que exige la Torá se refieren a rituales, dieta, lo limpio y lo inmundo, cuestiones de vestimenta y muchas prácticas, algunas de las cuales no parecen tener una significación ética fácilmente discernible. Recordemos el ejemplo ya visto de la obligación de lavarse las manos cada mañana al levantarse. Maimónides argumentó que parte de la explicación para algunos de ellos es que eran necesarios para orientar a los israelitas hacia la adoración adecuada de Dios cuando estaban acostumbrados a las prácticas de los pueblos paganos que los rodeaban. Parte de la sabiduría divina de los mandamientos es que no requerían un cambio completo y abrupto en la práctica, un cambio tan radical que la gente se hubiera resistido a él por no tener una comprensión de lo que se les exigía. En cambio, de manera reflejada en el «ardid amable» de Dios, muchos de los mandamientos requerían sacrificio y otras prácticas con las que los israelitas estaban familiarizados. Sin embargo, la Torá en su conjunto, como una disciplina integrada y orientada a la perfección, guiaba a las personas hacia la creencia verdadera y la práctica genuinamente virtuosa.

Maimónides abordó la cuestión de por qué los mandamientos contenían prácticas no muy diferentes a las de los pueblos de quienes los israelitas debían distinguirse en virtud de su pacto con Dios. Argumentó que la transición abrupta de un extremo a otro es imposible y que, por naturaleza, el ser humano no es capaz de abandonar de golpe todo aquello a lo que estaba acostumbrado. Por lo tanto, Dios, al enviar a Moisés para convertir al pueblo en un reino de sacerdotes y una nación santa a través del conocimiento de Dios, no exigió que se rechazaran, abandonaran o abolieran completamente todas las formas de culto existentes. Maimónides señaló que esto hubiera sido inaceptable para la naturaleza humana, que tiende a apegarse a lo familiar.

De este modo, se pedía a la gente que no rechazara lo que se les solicitaba como algo ajeno e incomprensible. Maimónides, al igual que Aristóteles, consideraba a los seres humanos como criaturas de hábitos en muchos aspectos significativos. Esta es una de las áreas en las que se pueden discernir elementos aristotélicos en la antropología filosófica y la psicología moral de Maimónides.

Estos puntos también son relevantes para el tratamiento que Maimónides hace del mesianismo. Argumentó que bajo el reinado del Mesías no habrá un cambio fundamental en la naturaleza humana. El mundo no será reordenado, excepto que será un tiempo de paz universal. Israel restaurará su soberanía política y los pueblos de todo el mundo se dedicarán al estudio, buscando el entendimiento científico y filosófico. Las formas del mundo no se alterarán de manera fundamental, excepto que, durante la era mesiánica, las personas alcanzarán y ejercerán la virtud. Además, cumplir con los mandamientos es una preparación necesaria para ello. Las personas necesitan prepararse para el gobierno del Mesías; hasta que esa preparación se realice, las afirmaciones mesiánicas deben ser severamente examinadas.

Los hábitos y la importancia de la habituación ocupan un lugar destacado en el *Comentario sobre la Mishná* y también en la *Mishné Torá*. En el *Comentario sobre la Mishná*, Maimónides presenta gran parte de su psicología moral y las afirmaciones principales en su concepción del libre albedrío. Utiliza modismos filosóficos muy aristotélicos paradójicamente para trabajar temas y tesis que resultaban particularmente poco aristotélicos. Que los mandamientos deben cumplirse tiene implicaciones para la concepción del libre albedrío, la posibilidad de arrepentimiento y cambio de carácter, y, por supuesto, muchas implicaciones para lo que un ser humano necesita hacer para realizar la perfección propia de los humanos.

Como Aristóteles, Maimónides enfatizó la importancia de la práctica regular, en contraposición a cualquier episodio particular de decisión, en la adquisición de una virtud. Al igual que Aristóteles, entendió las virtudes y los vicios como estados de carácter ético y explicativamente significativos. Al igual que Aristóteles, consideró que muchas virtudes se encuentran en un término medio.

> «La regla general es que siga el término medio para cada rasgo de carácter, hasta que todos sus rasgos de carácter estén ordenados según el término medio».
>
> Maimónides, *Leyes sobre los rasgos de carácter.*

Además, Maimónides estuvo de acuerdo en que los excelentes ejemplos, personas de buen juicio y disposiciones bien ordenadas de deseo y afecto, juegan un papel vital. Por eso ponía de manifiesto la importancia de seguir el ejemplo y, en cierto modo, el liderazgo de los sabios. Tales personas pueden ser modelos importantes, moldeando las aspiraciones de otros. Cuando uno sufre una enfermedad del alma, debe acudir a los sabios a los que considera médicos del alma, que pueden ser de gran ayuda, mostrando los rasgos de carácter adecuados y que permitan volver al término medio.

Al igual que Aristóteles, Maimónides reconoce la importancia del carácter general de la comunidad y de las personas que lo rodean. Sin embargo, a pesar de estos y otros puntos de acuerdo importantes, la ética de Maimónides y su explicación de la psicología moral incluyen algunos elementos muy diferentes a las visiones de Aristóteles. Las diferencias se relacionan con algunas características fundamentales y generales de la psicología moral, así como con la comprensión de virtudes y vicios individuales.

En cuanto a virtudes particulares, Maimónides sostenía que la ira y el orgullo son dos aspectos de nuestra psicología moral que debemos esforzarnos al máximo por minimizar. Llega a decir que un hombre verdaderamente virtuoso puede mostrar ira, ya que puede ser necesaria como parte del proyecto de habituar a los hijos o para hacer una demostración de cómo hay que conducir la ira, mientras que en realidad no siente ira. Consideraba la ira como una amenaza para la compostura mental y para la atención a Dios como el enfoque adecuado. En realidad, sentir ira perturba al individuo y lo domina la pasión de una manera que puede desorientar el juicio y la acción. Eso debe evitarse tanto como sea posible, incluso cuando es apropiado castigar, por ejemplo.

Debido a que la profecía es en última instancia un fenómeno intelectual, no se puede ser profeta si las pasiones están perturbadas. La ira y la tristeza, por ejemplo, son impedimentos para la profecía. Las distracciones del enfoque intelectual y la compostura son impedimentos para una adecuada aproximación a la realidad tanto filosófica como religiosa.

El orgullo es otro elemento de la psicología moral que no tiene lugar en el carácter de una persona virtuosa. En primer lugar, para Maimónides, debemos ser humildes ante Dios. Es importante la conciencia de nuestra finitud y pequeñez en contraste con Dios, y también está el hecho de la dependencia radical de todas las cosas en Dios. La Escritura dice que Moisés, el mayor profeta y líder de los israelitas en su camino hacia convertirse en un pueblo a través de su liderazgo, era muy humilde. Así, la humildad no es inconsistente con el coraje, la determinación, el excelente juicio y la disposición para aceptar responsabilidades importantes. La humildad se refiere a la contención del ego, la contención del amor propio para permanecer consciente de las necesidades y el bienestar de los demás y protegerse contra una opinión inflada de uno mismo y sus propios intereses. La Torá insta una y otra vez a acoger al extranjero, a cuidar de la viuda, el huérfano y el necesitado, y a que los israelitas no olviden que alguna vez fueron esclavos en Egipto. La humildad es una forma de registrar la dependencia, mostrar gratitud por la existencia y por ser sostenido, y apreciar el regalo de la Torá.

Todo hombre cuyos rasgos de carácter, todos, se encuentran en el término medio es llamado sabio. Quien es excesivamente escrupuloso consigo mismo y se mueve un poco hacia un lado u otro, lejos del rasgo de carácter en el término medio, se llama hombre piadoso. Quien se aleja de un corazón altivo hacia el extremo opuesto, de modo que es extremadamente bajo de espíritu, se llama hombre piadoso. Esta es la medida de la piedad. Si solo se mueve hacia el término medio y es humilde, se le llama hombre sabio; esta es la medida de la sabiduría. En general, Maimónides sostuvo que los mandamientos dan a los seres humanos la disciplina para adquirir disposiciones que se encuentran en el término medio.

LA RELIGIÓN Y EL ESTADO

Maimónides percibía la ley no como una mera codificación de conductas para coexistir sin daño mutuo, sino como algo más que un simple «contrato social». Partiendo de la diversidad de temperamentos humanos, que dificulta la convivencia natural, Maimónides veía en la ley un instrumento para el perfeccionamiento moral y social. Así, su objetivo no era solo asegurar una convivencia armónica, sino también fomentar la bondad en los ciudadanos. Esta ley transformadora, según Maimónides, debía «cesar la violencia entre los hombres y socializarlos con costumbres sanas y generosas», como menciona en su obra *Guía de perplejos*. Sin embargo, su visión de la ley iba más allá de lo político o político-moral, postulando que, para ser perfecta, la ley debía ser divina.

Esto significa que su aspiración de transformación y perfeccionamiento debía extenderse a las costumbres que afectan la convivencia, así como a las creencias religiosas y el conocimiento de Dios. Bajo el mandato de esta ley divina, que para Maimónides era la Torá, los hombres no solo serían buenos, sino que también poseerían una fe y un conocimiento de Dios que los convertiría en una sociedad perfecta.

Esta propuesta de ley divina, sin embargo, puede parecer en contradicción con otros elementos de la filosofía de Maimónides. Se imagina una sociedad constituida no solo por ciudadanos buenos debido a la influencia benéfica de la ley, sino también por creyentes y conocedores de Dios. A primera vista, esto podría no parecer realista, dada la visión más bien pesimista de Maimónides sobre la naturaleza humana. Recordemos que Maimónides consideraba que la mayoría de los hombres carece de la constancia necesaria para profundizar en estudios avanzados, y pocos tienen la serenidad de ánimo requerida para conocer a Dios sin distracciones materiales. Parece poco probable, entonces, que el mero seguimiento de la Torá transforme a todos en filósofos. Según su descripción, pareciera que Maimónides se estaba refiriendo a una comunidad ideal de filósofos más que a una comunidad real de seres humanos.

Esta propuesta podría calificarse incluso de utópica, comprensible solo en el contexto de la creencia judía en el «mesianismo», es decir, la esperanza profetizada de la salvación de Israel mediante la llegada de un mesías enviado por Dios. A diferencia del cristianismo, donde el reino mesiánico se concibe como ultraterreno, en el judaísmo se espera que esta era de paz definitiva se establezca en la Tierra. Así, la sociedad idealizada por Maimónides se enmarca en esta expectativa mesiánica desde su perspectiva judía, aunque fuera de ella pueda considerarse ideal o utópica. Y si bien no es real ahora, podría serlo en el futuro, como apuntaba Maimónides en la *Mishné Torá*: «En aquellos tiempos no habrá en Israel hambre ni guerra, ni envidia, pues todos estarán animados por el sentimiento de bondad. Y todo el mundo no se preocupará más que del conocimiento divino».

Esta visión de Maimónides refleja una profunda aspiración a una sociedad regida por una ley divina y perfeccionadora, una sociedad en la que los valores morales, la fe y el conocimiento de Dios se entrelazan para crear un entorno de convivencia ideal y armoniosa. Aunque pueda parecer inalcanzable desde una perspectiva práctica y realista, la propuesta de Maimónides representa un ideal elevado de coexistencia y perfeccionamiento humano, enraizado en la fe y la sabiduría de la tradición judía.

En el vasto universo del pensamiento judío, Maimónides se destaca como una figura crucial que articuló profundamente sobre la naturaleza y el propósito de la ley. Su enfoque no solo abarcaba la ley en un sentido convencional, sino que también se adentraba en el ámbito de lo divino, entrelazando la ética, la religión y la filosofía como hemos visto. Maimónides veía la ley no solo como un conjunto de normativas para regular la sociedad, sino como un medio para alcanzar un fin más elevado: la perfección moral y espiritual del ser humano.

Para Maimónides, la ley humana cumple una función esencial en cualquier sociedad: la de establecer un marco para la convivencia. Esta ley, que podría equipararse a lo que hoy consideramos legislación civil o normas sociales, sirve para regular las interacciones entre individuos y garantizar un orden en la comunidad. Sin embargo, Maimónides reconoce que la ley humana tiene sus limitaciones. Mientras que puede fomentar un comportamiento ético hasta cierto punto y evitar conflictos, no necesariamente guía a las personas hacia un entendimiento más profundo de la moralidad o hacia un crecimiento espiritual.

Aquí entra en juego la perspectiva única de Maimónides sobre la ley divina, que él identifica con la Torá. A diferencia de la ley humana, la ley divina tiene una dimensión trascendental y perfeccionadora, la de una búsqueda perenne de la perfección. Maimónides ve la Torá no solo como un conjunto de mandamientos religiosos, sino como un camino hacia la perfección del alma y el acercamiento a Dios. Esta ley divina va más allá de la mera regulación de la conducta; busca transformar al individuo desde adentro, guiándolo hacia un entendimiento más profundo de sí mismo, de Dios y del universo.

Ahora bien, en el pensamiento de Maimónides, la ley humana y la ley divina no son entidades aisladas, sino que se complementan mutuamente. La ley humana sienta las bases para una sociedad ordenada y funcional, donde se respeta la justicia y la equidad. Pero es la ley divina la que eleva al individuo, ofreciendo un camino hacia la sabiduría y la virtud. Maimónides argumenta que el seguimiento de la ley divina no solo mejora al individuo, sino que también enriquece la comunidad en su conjunto, promoviendo valores como la compasión, la humildad y la justicia.

Sin embargo, Maimónides era consciente de las dificultades inherentes en la aplicación de la ley divina. Reconoció las limitaciones humanas, incluyendo la diversidad de temperamentos y la tendencia al hábito. Sabía que no todos podrían alcanzar fácilmente los altos estándares establecidos por la Torá. Por ello, su enfoque incorporaba un grado de realismo práctico, enfatizando la importancia de la educación y la gradualidad en la adquisición de la virtud. La perspectiva de nuestro autor sobre la ley humana y divina ofrece una visión integradora y profunda de la ética y la religión. Mientras la ley humana establece el orden y la convivencia, la ley divina invita a una transformación más profunda, guiando a los individuos hacia una vida de virtud y conocimiento. Esta dualidad de la ley refleja la complejidad de la experiencia humana y ofrece un camino hacia una sociedad donde la convivencia y la perfección moral van de la mano. En el pensamiento de Maimónides, entonces, las leyes humanas y divinas no son contradictorias, sino que juntas forman el tejido de una vida humana plena y significativa.

EL DISCURSO PROFÉTICO Y LA JUSTICIA EN LA GUERRA

En la visión de Maimónides sobre la monarquía, encontramos un concepto que se aparta significativamente de cualquier realidad política contemporánea. Su propuesta se alinea más con la idea del rey filósofo de Platón, un gobernante cuyo derecho a gobernar se fundamenta en su supremo conocimiento filosófico. Sin embargo, Maimónides va más allá al integrar la profecía en este modelo, reconociendo que, en el judaísmo, los profetas son vistos como los más altos conocedores de la filosofía. Este rey que propone Maimónides no es un legislador en el sentido tradicional, ya que la ley, la Torá, preexiste a su reinado. Su rol es más bien el de un guía espiritual y social, alguien que interpreta y comunica la ley divina para asegurar tanto la paz como el desarrollo espiritual de su pueblo.

En contraste con el filósofo de una sociedad pagana, como la antigua Grecia, donde el filósofo proporcionaba modelos de estado y leyes basados en su ideal de perfección, el rey de Maimónides no necesita crear nuevas leyes, ya que estas son proporcionadas por los mandamientos divinos. Este rey es un filósofo profundo, con un conocimiento íntimo de las verdades últimas, es decir, de Dios, pero se distingue de los filósofos paganos al combinar este conocimiento con el don de la profecía. Esta habilidad profética se traduce en una capacidad política específica: guiar a la gente en el entendimiento y cumplimiento de la ley divina.

Maimónides, reconociendo la limitación del pueblo para comprender la verdad en su totalidad, concede al rey profeta la autorización, incluso la obligación, de utilizar «mitos» o metáforas que simplifiquen la verdad para facilitar la comprensión y obediencia de las masas. Esta práctica, aunque implique «mentiras útiles», es vista como una necesidad dada la imposibilidad de que la mayoría alcance un conocimiento perfecto, al menos hasta la llegada del Mesías. En cierto modo, supondrá un precedente sutil del despotismo ilustrado de seis siglos más adelante, cuando se acuñará el lema de «todo por el pueblo, pero sin el pueblo».

El rey que propone nuestro autor, aunque se involucre en esta forma de engaño benevolente, es consciente de su acto y lo hace en interés del bien mayor: la recta conducta de sus ciudadanos. Esta visión de la monarquía debe entenderse más como un ideal teórico, un horizonte al que aspirar, que como un modelo político inmediatamente aplicable. En esencia, este rey es un líder espiritual cuya principal misión es promover «la religión de la verdad y llenar el mundo de justicia», como se enfatiza en la *Mishné Tora* de Maimónides. Su gobierno es menos sobre el poder terrenal y más sobre la guía espiritual y moral.

EL REY FILÓSOFO DE PLATÓN

El concepto del rey filósofo de Platón es una de las ideas más influyentes en la filosofía política occidental. Según Platón, el rey filósofo es el gobernante ideal, alguien que combina la sabiduría filosófica y el amor por el conocimiento con el poder político. Este líder ideal no solo posee inteligencia y virtud, sino también una profunda comprensión de la idea del bien, lo que le permite gobernar de manera justa y eficaz. Para Platón, el conocimiento y la virtud son fundamentales para un gobierno efectivo y ético, y el rey filósofo es aquel que puede guiar a la sociedad hacia un estado más elevado y armonioso.

Esta idea de Platón se explora en varios de sus diálogos, pero los más destacados son:

República: Aquí, Platón detalla su visión de una sociedad ideal gobernada por filósofos reyes. En este diálogo, se argumenta que solo aquellos que han alcanzado un alto nivel de conocimiento y comprensión de las verdades eternas están calificados para gobernar justamente.

El político: Aunque menos conocido que la *República,* en este diálogo se continúa la discusión sobre quién debe gobernar y cómo se debe gobernar, profundizando en las cualidades y habilidades necesarias para un gobernante ideal.

Estos diálogos reflejan la desconfianza de Platón hacia la democracia ateniense de su tiempo y su creencia en que la sabiduría y el conocimiento son esenciales para la gobernanza efectiva y moral.

Existe una amplia discusión en el ámbito de la crítica filosófica y legal sobre el concepto de guerra justa. Una parte importante de los eruditos y académicos consideran que la idea de incorporar la justicia en la guerra es fundamental, sin embargo, esta postura no está exenta de críticas importantes, una de las más importantes es la de que, en el antagonismo radical que implica el conflicto armado, esto es, la guerra, todas las metas quedan subsumidas en el fin último: la victoria. Si esto es así, perseguir la justicia en la guerra se convierte en un desiderátum sin muchas posibilidades de fructificar, ya que la necesidad de ganar, de vencer en la guerra, se impone por encima de los mandatos éticos que exigen su cumplimiento para poder establecer que una guerra es justa. Dicho con otras palabras, la ética queda capitidisminuida porque sus postulados son pospuestos frente a la exigencia perentoria de vencer, de obtener la victoria.

En su abordaje de temas filosóficos y teológicos, Maimónides se aventuró en terrenos poco explorados por sus contemporáneos, especialmente en su tratamiento de la guerra justa. Este concepto, aunque previamente discutido por figuras como Aristóteles, Cicerón y san Agustín, encontró en Maimónides una perspectiva renovada que integraba la tradición judía con planteamientos filosóficos clásicos, de ahí su originalidad. En su contexto, la comunidad judía vivía dispersa, sin un estado propio y lejos de poder emprender guerras. Sin embargo, Maimónides no se limitó a la realidad de su tiempo, sino que estableció una base teórica para una situación hipotética de conflicto armado. Dicho de otro modo, nuestro autor elucubró sobre la posibilidad de que se construyera un estado judío.

Maimónides identificó las siete leyes de los hijos de Noé como el criterio esencial para justificar la guerra por parte de los judíos. Estas leyes, de carácter universal, abarcan prohibiciones contra la idolatría, blasfemia, asesinato, relaciones sexuales ilícitas, robo y el consumo de carne de animales vivos, así como la obligación de establecer sistemas judiciales. Según Maimónides, cualquier violación a estos preceptos por otras naciones legitimaría la intervención militar judía. Esta perspectiva, aunque pueda parecer impositiva y hasta desfasada en el mundo moderno, no difiere sustancialmente de ciertas normas internacionales contemporáneas que buscan imponer valores universales, como la Declaración Universal de los Derechos Humanos.

La postura de Maimónides sobre la guerra justa se mantiene relevante, no solo como una reflexión medieval, sino como una contribución significativa a los debates contemporáneos sobre la moralidad en la guerra. En otros de sus escritos, como *Guía de perplejos*, Maimónides adopta un enfoque más moderado sobre la guerra, permitiendo a un rey profeta judío invadir territorios no judíos, pero no como un mandato divino. En estas circunstancias, el objetivo sería erradicar la idolatría, vista por Maimónides como un concepto degradante para la humanidad.

Un caso particular en el que Maimónides ve una guerra ordenada divinamente es la lucha contra las tribus cananeas, consideradas en las Escrituras como la personificación del mal absoluto debido a sus prácticas idolátricas. A diferencia de las nociones de guerra santa en el islam, Maimónides no exige la conversión al judaísmo de los pueblos conquistados. Basta con que adopten y respeten los preceptos de Noé, principalmente el rechazo a la idolatría. En este sentido, la visión de guerra de Maimónides, aunque arraigada en la tradición judía, apunta hacia un modelo universal de moralidad aplicable a todos los pueblos. Lo cual, en cierto modo, lo convierte en un precedente, también sutil, como dijimos antes sobre su propuesta del rey profeta respecto del despotismo ilustrado, de movimientos supranacionales que persiguieran el objetivo de la universalidad.

La visión de Maimónides sobre la guerra justa se enmarca en un contexto más amplio de sus reflexiones sobre la ley y la monarquía, donde combina la tradición judía con la filosofía clásica. Aunque sus ideas pueden parecer distantes a la realidad política y social de su tiempo, proporcionan un marco teórico valioso que trasciende su contexto histórico. La relevancia de sus pensamientos sobre la guerra justa radica en la búsqueda de un equilibrio entre los imperativos morales y las realidades políticas, un desafío que sigue vigente en el debate filosófico y político contemporáneo.

Este enfoque de Maimónides hacia la guerra justa, basado en principios universales y un profundo sentido de justicia moral, ofrece una visión de cómo la fe y la filosofía pueden converger en la búsqueda de soluciones a dilemas éticos complejos. Su análisis no solo proporciona una perspectiva histórica sobre la guerra justa, sino que también invita a reflexionar sobre cómo las tradiciones religiosas y filosóficas pueden informar y enriquecer los debates éticos modernos, especialmente en un mundo donde los conflictos armados y las tensiones políticas continúan siendo una realidad.

El enfoque ético y teológico de Maimónides para el caso del concepto de la guerra justa ofrece una perspectiva única sobre la idea de guerra justa, integrando, como hemos visto, los principios de la ley judía con elementos de la filosofía clásica. La profundidad y la naturaleza de su pensamiento proporcionan un marco teórico que sigue siendo relevante para los debates contemporáneos sobre la ética en la guerra.

Maimónides vivió en una época en la que las comunidades judías estaban dispersas y carecían de un estado propio, situación que seguirá así hasta nuestro tiempo. Su contexto histórico fue uno de coexistencia, a menudo precaria como hemos visto a través de sus avatares biográficos, con otras culturas y religiones. En su obra, Maimónides combina la tradición legal judía (Halajá) con la filosofía aristotélica, intentando armonizar la fe con la razón. Esta fusión de pensamiento religioso y filosófico es fundamental para entender su enfoque de la guerra justa.

La visión de Maimónides sobre la guerra justa se destaca por su énfasis en la moralidad y la justicia como bases para el conflicto armado. A diferencia de las nociones de guerra santa presentes en otras tradiciones, la guerra en el pensamiento de Maimónides no se justifica por la expansión de la fe, sino por la defensa de un orden moral universal, por eso hemos dicho que nuestro autor se podría encontrar entre los precedentes de proyectos universalistas como la Declaración Universal de los Derechos Humanos. Esta perspectiva pone de relieve su preocupación por la ética y la justicia, incluso en el contexto de la guerra.

La contribución de Maimónides al concepto de guerra justa es notable por su intento de equilibrar la ley divina con la realidad política y social. Su enfoque ofrece una visión de cómo la fe y la ética pueden informar las decisiones políticas, especialmente en situaciones extremas como la guerra. En el contexto actual, donde los conflictos armados a menudo se entrelazan con cuestiones éticas y morales, el pensamiento de Maimónides ofrece una perspectiva valiosa que invita a una reflexión profunda sobre la legitimidad y la moralidad de la guerra.

LA GUERRA JUSTA EN ARISTÓTELES, CICERÓN Y SAN AGUSTÍN

El concepto de la guerra justa ha sido un tema de profunda reflexión en la historia de la filosofía y la ética política. Tres figuras sobresalientes en este campo fueron Aristóteles, Cicerón y Agustín de Hipona, cuyas ideas han moldeado significativamente la comprensión occidental de cuándo y cómo puede ser moralmente justificable emprender una guerra.

Aristóteles y la ética de la guerra:

Aristóteles, en sus obras *Ética a Nicómaco* y *Política*, aborda la guerra desde una perspectiva ética y pragmática. Para él, la guerra justa debe tener un fin virtuoso, es decir, debe buscarse para alcanzar el bien o evitar el mal. La guerra, en la visión aristotélica, es una herramienta política que debe usarse para preservar la polis y su orden natural. La justicia, como una virtud cardinal, juega un papel crucial en la determinación de la legitimidad de un conflicto. Sin embargo, Aristóteles no proporciona un marco detallado sobre las condiciones específicas que justifican la guerra, sino que enfatiza más en el carácter y la intención del gobernante que la declara.

Cicerón y el derecho de gentes:

Cicerón, en sus obras como *De officiis* y *De re publica*, introduce el concepto de *jus gentium* (derecho de gentes), predecesor del derecho internacional moderno. Para Cicerón, la guerra justa debe cumplir con ciertas condiciones: debe ser oficialmente declarada, debe tener una causa justa (como la defensa contra una agresión) y debe ser emprendida con la intención de restablecer la paz y la justicia. Cicerón enfatiza la importancia de la justicia y la humanidad en la guerra, argumentando que incluso en el conflicto, los enemigos deben ser tratados con respeto y dignidad. Su enfoque es notable por intentar limitar las razones y los métodos de la guerra bajo un marco legal y ético.

San Agustín y la dimensión moral y religiosa:

San Agustín, en obras como *La ciudad de Dios*, aporta una dimensión moral y religiosa a la discusión. Para él, la guerra justa es aquella emprendida por una autoridad legítima, con una causa justa y con la intención correcta. La causa justa incluye la defensa contra la agresión y la protección de los inocentes. Agustín también introduce el concepto de «intención correcta», enfatizando que las guerras no deben ser libradas por amor a la violencia o deseo de conquista, sino con el objetivo de promover la paz y la justicia. Su enfoque cristiano también plantea que incluso en la guerra se deben buscar la misericordia y la posibilidad de redención.

Las perspectivas de Aristóteles, Cicerón y san Agustín sobre la guerra justa ofrecen un panorama rico y diverso sobre cómo diferentes épocas y contextos han abordado la ética de la guerra. Mientras Aristóteles enfoca en el fin y la virtud, Cicerón aporta un marco legal y ético, y san Agustín introduce una visión moral y religiosa. Juntos, estos pensamientos han sentado las bases para las discusiones contemporáneas sobre cuándo y cómo los conflictos armados pueden ser considerados justos, reflejando una preocupación constante por la moralidad, la justicia y la humanidad, incluso en los tiempos de guerra. A través de sus legados, nos recuerdan que, incluso en circunstancias extremas como la guerra, la ética y los principios morales no deben ser olvidados.

Recreación de San Agustín de Hipona. [Rijksmuseum]

TERAPIA PARA EL ALMA

Una de las definiciones más antiguas que se conocen de la palabra filosofía se suele atribuir a Pitágoras y dice que la filosofía sería una terapia para el alma. Maimónides, más allá de sus reflexiones sobre el ser humano en el contexto político y comunitario, profundizó en la individualidad humana, con un enfoque especial en la moralidad y la ética. Es crucial, para entender su enfoque, revisitar su visión antropológica. Maimónides identificaba como una característica clave del ser humano su preeminencia sobre las necesidades físicas, que incluyen no solo aspectos fisiológicos como el hambre y la sed, sino también temores y deseos corporales. Estas preocupaciones, a menudo, impiden la dedicación a la vida filosófica, especialmente en los más jóvenes.

Este enfoque antropológico de Maimónides lo alinea con la tradición filosófica griega, especialmente con pensadores como Epicuro y los estoicos, quienes consideraban la filosofía como un medio para aliviar las angustias de la vida. En este sentido, la propuesta ética de Maimónides se vincula directamente con su ideal de vida filosófica, centrado en el conocimiento de Dios. Sin embargo, surge la cuestión de cómo adquirir las virtudes éticas necesarias para superar las distracciones físicas y alcanzar la sabiduría si se requiere serenidad para filosofar, pero, al mismo tiempo, esta serenidad necesaria solo se logra mediante la filosofía. Maimónides responde a este dilema enfocándose en la Torá y sus preceptos, considerando la obediencia a estas enseñanzas como el primer paso hacia una vida virtuosa y la sabiduría. Aunque no es suficiente para alcanzar el máximo grado de sabiduría, sí representa un inicio crucial. Posteriormente, propone una reflexión filosófica para comprender la naturaleza relativa de las preocupaciones, sufrimientos, alegrías y placeres humanos, buscando «curar» el alma.

Nuestro autor se inspira en Aristóteles y en la filosofía estoica para abordar la cuestión del cuidado del alma. Aristóteles, en su *Ética a Nicómaco*, define la virtud como un término medio entre dos extremos, tanto de exceso como de defecto. Maimónides adopta este enfoque, considerando las virtudes como hábitos adquiridos a través de la búsqueda de un equilibrio entre extremos dañinos. Así, propone virtudes como la continencia, generosidad, humildad y modestia, situadas entre excesos y carencias. Maimónides defiende una vida guiada por la ética y la razón, equilibrando necesidades físicas y espirituales y utilizando la filosofía y la fe como herramientas clave para alcanzar sabiduría y serenidad. Su pensamiento, que combina la tradición filosófica griega con las enseñanzas de la Torá, ofrece una visión integral del ser humano y su rol en el universo.

Aristóteles, como acabamos de mencionar, en su exploración de la ética, propuso un modelo de virtud basado en el equilibrio, rechazando la simplificación de categorizar las acciones como meramente buenas o malas. Según él, la virtud se encuentra en el término medio entre dos extremos: el exceso y el defecto. Por ejemplo, la valentía se sitúa entre la temeridad (exceso) y la cobardía (defecto), mientras que la temperancia o templanza oscila entre la inapetencia (defecto) y la intemperancia (exceso). Maimónides, influido por este pensamiento aristotélico, definía las virtudes como prácticas habituales que buscan este equilibrio. En su análisis, identificaba virtudes como la continencia, la generosidad, la humildad y la modestia, todas ellas situadas en un punto medio entre extremos perjudiciales.

Maimónides, en su *Comentario sobre la Mishná*, ejemplificaba la continencia como un balance entre la lujuria y la insensibilidad, la generosidad entre la avaricia y la prodigalidad, la humildad entre el orgullo y el rebajamiento, y la modestia entre la presunción y la vulgaridad. Esta perspectiva sobre las virtudes no solo establece un camino ético, sino también una manera de interpretar y enfrentar la vida. Maimónides enfatizaba la importancia de comprender correctamente los eventos de la vida, evitando interpretaciones extremas de fortuna o desgracia. En su visión, un sabio debe reconocer la presencia de una providencia divina en todos los acontecimientos, evitando así la angustia que surge de considerar los sucesos como meramente fortuitos o azarosos.

Esta comprensión de la realidad como una manifestación de la voluntad divina ofrece un enfoque sereno y equilibrado ante las vicisitudes de la vida. Según Maimónides, alejarse de Dios y de su guía no implica un castigo divino, sino que es una elección humana que conduce a una lucha infructuosa contra una realidad incontrolable. La sabiduría, entonces, se encuentra en reconocer y aceptar la dirección divina en todos los aspectos de la vida, manteniendo un equilibrio emocional y espiritual incluso en situaciones de extrema alegría o adversidad.

Así, en la filosofía de Maimónides, la virtud y la sabiduría se entrelazan en una búsqueda constante del término medio, evitando los extremos dañinos que perturban el alma. La virtud, en este contexto, no es solo una práctica ética, sino también un modo de vivir en armonía con un orden mayor. La interpretación de los sucesos desde una perspectiva equilibrada y providencial permite una existencia más serena y enfocada, libre de las turbulencias emocionales que surgen de la interpretación errónea de la fortuna y el azar. Maimónides ve la virtud como un camino hacia la tranquilidad espiritual, guiado por la comprensión de la realidad a través de una lente de equilibrio y sabiduría.

Este enfoque ético que hemos presentado se enmarca en una consideración general sobre el hombre que presenta Maimónides. La concepción del hombre en el pensamiento de Maimónides es una amalgama de influencias judías y helénicas, que se manifiesta de manera compleja y multifacética en su obra. Maimónides ve al hombre como un ser dotado de intelecto, una característica que lo distingue de todas las demás criaturas y que lo conecta con lo divino. Según Maimónides, es esta facultad intelectual la que permite al hombre distinguir entre lo verdadero y lo falso, lo que lo eleva y lo hace a imagen y semejanza de Dios. Maimónides aborda la antropología desde una perspectiva que integra aspectos religiosos y filosóficos. Su visión del hombre se nutre de la cosmovisión judía, que ve al hombre creado a imagen y semejanza de Dios según el relato del Génesis, y de la noción helénica, que considera al hombre como un microcosmos. Esta doble influencia se refleja en su enfoque de la medicina, donde concibe al hombre en una relación dinámica e inseparable con Dios y la naturaleza, y de la que hablaremos más adelante.

La interpretación de la Sagrada Escritura también juega un papel crucial en la filosofía de Maimónides. Él ve la Escritura no solo como un texto objeto de estudio filológico, sino como una voz viva que requiere interpretación y que se conecta con la historia y la existencia del judaísmo. Maimónides creía en la influencia de los antiguos filósofos griegos, como también lo habían creído Abraham y Moisés, en el pensamiento hebreo, y veía a la filosofía griega, especialmente a Platón, como cercana a la Sagrada Escritura. Esta perspectiva le permitía a Maimónides conciliar la filosofía con la fe religiosa.

La concepción del hombre de Maimónides es una que entrelaza profundamente el intelecto, la religión, y la filosofía. Considera al hombre no solo como un ser dotado de razón, capaz de discernir entre el bien y el mal, sino también como un ente íntimamente ligado a lo divino y a la naturaleza, reflejando así las complejidades y riquezas de su pensamiento filosófico y teológico. Y de aquí se deriva su propuesta ética.

LA BÚSQUEDA DE LA PERFECCIÓN EN LA ÉTICA DE MAIMÓNIDES

Maimónides desarrolló una visión de la ética profundamente influenciada por Aristóteles, pero con una esencia distintiva. Su enfoque finalista hacia la ética postula que todas las acciones humanas están orientadas hacia un fin específico, que es la realización plena del ser humano. Esta postura encaja con la concepción teleológica del Estagirita. Esta realización, o perfección humana, es un concepto complejo y multifacético, más difícil de definir que la funcionalidad de objetos cotidianos como un tenedor.

La perfección humana, según Maimónides, es un ideal subjetivo y variado, dependiendo de la perspectiva individual sobre lo que constituye la felicidad. Para algunos, la felicidad puede ser sinónimo de placeres sensoriales y, por lo tanto, la vida perfecta sería aquella que maximiza la satisfacción de deseos. Otros pueden encontrar la felicidad en el altruismo, buscando la perfección a través del servicio a los demás.

Maimónides identifica dos tipos de perfección que considera ilusorias y deberían evitarse, y otros dos que son auténticos y deseables.

La primera perfección falsa es la material, centrada en la acumulación de bienes como dinero, ropa, y tierras. Maimónides argumenta que estos son bienes externos y transitorios, que no contribuyen a la verdadera mejora del individuo.

La segunda falsa perfección se refiere a los atributos físicos del cuerpo humano, como la fuerza o la belleza. Este enfoque, según Maimónides, es superficial, ya que el cuerpo es una característica compartida con otros seres vivos y no define la singularidad del ser humano.

La tercera categoría de perfección, que Maimónides ve como auténtica pero menos perfecta, es la observancia de los preceptos de la Torá. Esta senda es accesible a la mayoría de las personas y ofrece una forma de felicidad real.

La cuarta y más alta forma de perfección, según Maimónides, es alcanzada a través del desarrollo intelectual y la sabiduría. Aquellos que alcanzan esta forma de perfección, que incluye a los profetas, no solo realizan completamente sus capacidades innatas, sino que también obtienen la inmortalidad del alma.

Para Maimónides, la ética y el conocimiento están intrínsecamente vinculados. En contraste con la concepción cristiana de la salvación, accesible a todos independientemente de su capacidad intelectual, Maimónides ve la vida eterna del alma como un logro reservado para aquellos que han alcanzado el pináculo del conocimiento y, consecuentemente, viven una vida moralmente justa. Esta visión resalta la importancia de la sabiduría filosófica y el comportamiento moral como aspectos inseparables en la búsqueda de la verdadera perfección humana.

La ética de Maimónides es una búsqueda de la perfección que se extiende más allá de la mera acumulación de bienes o la belleza física. Su enfoque destaca la importancia de la sabiduría y la moralidad en la realización plena del ser humano, ofreciendo un camino hacia una vida auténticamente enriquecida y significativa.

MAIMÓNIDES MÉDICO

Maimónides destacó en el campo de la medicina, influenciando su época y las posteriores. Aunque los detalles de cómo y dónde adquirió su formación médica son inciertos, parece que mostró interés por la medicina desde joven. Maimónides pudo haber estudiado teoría médica temprano y probablemente inició un aprendizaje formal en medicina después de dejar la península ibérica por el norte de África, dedicándose profesionalmente a la medicina tras llegar a Egipto. La medicina se convirtió en su profesión a tiempo completo, como hemos visto, tras la muerte de su hermano David en el mar y la necesidad de aumentar sus ingresos. Llegó a ser médico de al-Qadi al-Fadil que era, como ya explicamos anteriormente, el gran administrador del sultán egipcio Saladino, y más tarde del hijo de Saladino, al-Malik al-Afdal. Sobre al-Fadil volveremos a hablar un poco más adelante cuando expliquemos el episodio más peligroso de la vida de Maimónides.

La medicina medieval se basaba en el legado filosófico y científico de la antigua Grecia, refinado por siglos de pensadores musulmanes. Galeno, médico griego del siglo II, cuya medicina se basaba en la teoría de los humores (sangre, flema, bilis amarilla o roja y bilis negra), fue la autoridad más citada en los escritos médicos de Maimónides. Las terapias de la época se fundamentaban en la idea de que un desequilibrio de los humores podía corregirse manipulando seis factores externos: aire, comida y bebida, movimiento y descanso, sueño y vigilia, excreción y retención, así como las emociones. Además de regímenes dietéticos a largo plazo, otras opciones terapéuticas incluían la eliminación física de excesos de humores del cuerpo, especialmente mediante sangrías, pero también induciendo vómitos o diarreas. Los fármacos también eran una parte importante del tratamiento.

Toda esta teoría, así como la experiencia profesional de Maimónides, se refleja en sus *consilia,* breves obras de consejo médico sobre condiciones específicas como hemorroides, asma y sexo, entre otros. Estos escritos, destinados a su clientela musulmana adinerada, ofrecen detalles fascinantes sobre la vida y quejas de sus pacientes, así como sus propios hábitos de bienestar personal. Todos fueron traducidos al hebreo (y a veces al latín), copiados, estudiados y utilizados por médicos judíos y a veces cristianos posteriores. Sus tratados médicos más importantes fueron: *Tratado sobre las hemorroides, Tratado sobre el coito, Tratado sobre el asma, Tratado sobre los venenos y sus antídotos, Tratado sobre el régimen de la salud, Tratado sobre las causas de los síntomas* y la obra *Comentario sobre los nombres de las drogas,* que era un glosario de 450 párrafos cortos que incluye nombres de drogas en árabe, griego, sirio, persa, beréber y español.

En su *Tratado sobre el asma,* Maimónides ofrece varios consejos basados en su experiencia y práctica diaria, como la importancia de consumir alimentos ligeros y fáciles de digerir, incluyendo sopas de pollo joven, yemas de huevo con canela y sal, pistachos y pasas, bebidas de azúcar o miel, y vino en invierno. Además, seguía los consejos de Galeno sobre la frecuencia de las visitas al baño:

Galeno dijo lo siguiente, y estas son sus palabras: «Debes saber que nada se compara con dormir inmediatamente después de un baño...». Desde que lo supe, no me he bañado excepto al atardecer, y voy directamente del baño al sueño profundo y beneficioso de la noche. Estoy muy contento con su efecto en mí.

Incluso nos adentramos en la cocina de Maimónides. En otro *consilium*, escrito a petición de un cliente anónimo de alto rango y titulado *Sobre el coito*, ofrece la receta de una tortilla de carne, destinada a aumentar la potencia sexual:

> He compuesto una tortilla yo mismo que es fácil de preparar y sabe deliciosa. Al que se la prescribí, me dijo que la encontró muy efectiva. Esta es su composición: Toma cuatro cebollas, ásalas en un horno hasta que estén listas; quita su cáscara exterior y tritúralas bien. Asimismo, toma medio *raṭl* de carne que fue asada y cocida en su propio caldo hasta que estuvo bien hecha. Tritura la carne y mézclala con las cebollas asadas junto con el caldo restante. Rompe veinte huevos de gallina [y pon] su yema sobre ello. Mezcla todo esto y añade a esto tal cantidad de las especias mencionadas que su sabor sea claramente perceptible, así como un poco de sal, y si la sal es del *esquink* (*Scincus officinalis*), es la mejor. Asa esto en aceite de sésamo o mantequilla clarificada. También se puede hacer otra tortilla que sea exactamente igual [excepto que se hace] con zanahorias asadas en lugar de cebollas. También se puede hacer con zanahorias y cebollas como he descrito.

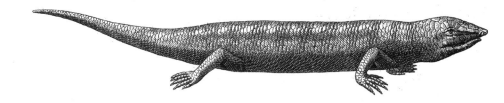

Scincus officinalis. [Iconographia Zoologica]

Posiblemente, la última obra que Maimónides completó en su vida fue *Los capítulos de Moisés*, una importante antología de veinticinco partes de aforismos sobre todos los aspectos de la medicina, extraídos de Hipócrates y Galeno, entre otros, ya sea como cita directa, una versión editada del original o como una paráfrasis intercalada con las propias observaciones de Maimónides, cada una introducida con las palabras «Dice Moisés».

Incluso antes de convertirse en médico practicante, Maimónides integró la teoría médica en algunas de sus obras no médicas. En su extensa introducción en árabe al tratado Avot de la Mishná, conocida como los *Ocho capítulos*, compara las aflicciones del cuerpo con las del alma y advierte contra los extremos en ambos ámbitos. Los extremos de carácter deben evitarse, escribe, porque si «se inclinan hacia cualquier extremo... el alma se enferma. En tal contingencia, es apropiado recurrir a una cura, exactamente como lo haría si su cuerpo sufriera de una enfermedad».

Para Maimónides, ejercer la medicina iba más allá de ser una profesión; era una expresión de amor hacia la humanidad. Como hemos visto antes, su hogar siempre estaba lleno de pacientes que buscaban su atención médica. A pesar de recibir una educación médica tradicional, Maimónides desarrolló sus propias teorías con el tiempo. Enfatizaba la prevención, promoviendo un estilo de vida saludable y prestando especial atención a la dieta y la higiene personal. Sostenía que el cuidado de la salud en personas sanas era primordial: «La salud de quien está sano precede al tratamiento del enfermo. Por ello, yerran quienes piensan que el médico es necesario solo cuando aparece una enfermedad». Su enfoque estaba en prevenir más que en curar, y en caso de enfermedad, recomendaba primero tratamientos sencillos y naturales.

APORTACIONES DE MAIMÓNIDES A
LA MEDICINA DE SU TIEMPO

En el campo de la infectología, Maimónides identificó una variedad de enfermedades, incluyendo abscesos, blefaritis, carbunco, conjuntivitis, disentería, gangrena, hepatitis, lepra, neumonía y sepsis. Durante los últimos años del reinado de Saladino, un brote de cólera llegó a El Cairo desde la India, provocando una epidemia peligrosa. Para tratar los síntomas de vómito y diarrea, Maimónides creó una solución rehidratante con goma arábiga, arroz y corteza de pan, siendo esta, tal vez, una de las primeras soluciones rehidratantes conocidas en la historia de la humanidad. Sus principios de higiene, como evitar carnes descompuestas y alimentos malolientes, siguen siendo relevantes hoy en día, enfatizando la importancia del aseo y la limpieza.

Maimónides, *Sobre el coito*

En el tratado *Sobre el coito,* nuestro autor abordó la impotencia y su tratamiento mediante diversos afrodisíacos, inscribiéndose en un género popular en la literatura médica árabe medieval. Destacados médicos, como Ḥunayn ibn Isḥāq e Ibn Sīnā, también exploraron el tema del coito en sus obras. Este tratado, junto con otros textos árabes, examinaba la impotencia desde una perspectiva médica, diferenciándose de aquellos de contenido erótico o pornográfico. Resaltaba la importancia de perfumes, olores y cosméticos en el placer sexual, y sugería afrodisíacos basados en propiedades de flatulencia, calor y nutrición para potenciar el vigor sexual.

No obstante, a pesar de que este texto encaja en cierto tópico literario de su tiempo, el enfoque de Maimónides era diferente, pues destacaba cómo los factores psicológicos y los estados de ánimo influyen en la fuerza sexual. Argumentaba que el deseo sexual vinculado al coito se correlaciona con una erección perfecta, mientras que la falta de deseo conduce a un miembro masculino débil y seco. Esta conexión, aunque reconocida por médicos antiguos y presente en tratados medievales, ocupaba un lugar destacado en su discusión por su detallada exposición, diferenciándose así de otros textos occidentales de la época en cuanto a la preocupación por el arte de amar.

Para Maimónides, los mejores medios para estimular el apetito sexual son, según él, la alegría del corazón, la felicidad y el ocio.

Maimónides, *Sobre las hemorroides*

Este tratado de Maimónides fue escrito en Fustat, parece ser que a petición de un joven noble egipcio, que se creía emparentado con el sultán. El paciente se había presentado ante Maimónides solicitando cirugía para unas hemorroides que «se producían en la boca del recto [...], [que] se prolapsaban [y] volvían al interior del cuerpo [...], [el] dolor era bastante intenso». En la introducción del tratado, nuestro autor exponía su filosofía de que la extirpación quirúrgica debía ser el último recurso, ya que «hay personas en las que [las hemorroides] [...] han sido extirpadas (quirúrgicamente) y en las que se han desarrollado otras hemorroides. Esto se debe a que las causas que dieron lugar a las originales permanecieron y, por lo tanto, se desarrollaron otras nuevas». A continuación describía cómo los cambios en la dieta podían prevenir la formación de hemorroides.

Maimónides creía que las hemorroides eran causadas por un exceso de bilis negra, que se acumulaba en las partes más bajas del cuerpo, lo que provocaba su aparición y las definía como «los vasos de la boca del ano (recto) se congestionan, se estiran y se ensanchan. En estos lugares se produce calor y humedad, y se desarrollan estos prolapsos».

Maimónides clasificó las hemorroides en dos tipos. Los tipos leves son «abiertos y fluyen» porque tienen sangrado activo. Las de tipo «cerrado y obstruido» son más graves, ya que la estasis de sangre provoca complicaciones como «locura... y enfermedad de caída (sic)». A la hora de sugerir intervenciones terapéuticas, el tipo de hemorroide que había que tratar era de vital importancia.

Los tratamientos no quirúrgicos descritos en el *Tratado sobre la curación de las hemorroides* incluían cambios en el estilo de vida, la dieta y tratamientos tópicos, así como enemas, vaporizaciones y fumigaciones. Maimónides creía firmemente que «uno debe esforzarse siempre por ablandar las heces», y que «la composición de los alimentos debe producir siempre ablandamiento». Recomendaba una serie de cambios dietéticos para conseguir heces blandas, entre ellos la administración de «diez dracmas de sen» (el «sen» se refiere a la senna, una planta utilizada por sus efectos laxantes, empleada en medicina para tratar el estreñimiento). Los tratamientos tópicos sugeridos incluían la aplicación regular de aceites y una técnica de fumigación que utilizaba el humo de la quema de semillas de ruda (la «ruda» es una planta de la familia de las rutáceas, conocida por sus propiedades medicinales y su fuerte aroma; se ha utilizado tradicionalmente en varias culturas para tratar diversas dolencias).

Además de los tratamientos preventivos a largo plazo mencionados anteriormente, Maimónides reconocía «que las hemorroides a veces se agudizan [...], se inflaman, aumenta el dolor y no se evacuan las heces [...], en ocasiones, algo sale de ellas y se inflama externamente, el dolor se intensifica y sobrevienen la fiebre y el sufrimiento». Su tratamiento de los episodios inflamatorios agudos incluía la extracción de sangre y el caldo de pollo para ablandar las heces.

Los últimos capítulos del *Tratado* se refieren a la opción del tratamiento quirúrgico. Reconoció la importancia de la cirugía especialmente indicada para el tipo «cerrado», quizá refiriéndose a las hemorroides estranguladas. «[La] extirpación de las hemorroides solo debe ser realizada por un médico con experiencia y conocimientos que tenga en cuenta el estado general del paciente, su edad, su fuerza, el momento concreto y la posible asociación de esta enfermedad con otras enfermedades o sucesos sobrevenidos».

Maimónides entendía la ley judía como una guía para seguir «el camino de la moderación, de acuerdo con los dictados de la naturaleza, comiendo, bebiendo, disfrutando del coito legítimo, todo con moderación, y viviendo entre la gente con honestidad e integridad, pero no viviendo en el desierto, ni en las montañas, ni vistiéndose con prendas de pelo y lana, ni afligiendo el cuerpo». Los mandamientos de la Torá tienen como objetivo mantenernos en este camino intermedio. Cualquier restricción o práctica ascética que vaya más allá de los mandamientos de la Torá debe evitarse.

No solo la ley judía sirve para curar el alma, sino que también podría curar el cuerpo. Maimónides destiló su conocimiento médico en un solo capítulo en la *Mishné Torá*, donde ofrece un régimen de salud para cada judío, presentado como fallos legales. Algunas de sus afirmaciones siguen siendo muy pertinentes hoy en día: «Nunca se debe comer a menos que se tenga hambre, ni beber a menos que se tenga sed [...]. No se debe comer hasta el punto de llenar el vientre, sino dejar de comer alrededor de un cuarto antes de la saciedad». Maimónides advierte contra el consumo de quesos viejos y salados, pescado salado y otros alimentos insalubres, al tiempo que alienta a dormir ocho horas cada noche, despertar al amanecer y hacer ejercicio antes del desayuno.

Si bien la medicina medieval sufría de un marco teórico completamente erróneo, su práctica también tomaba en cuenta la sabiduría acumulada durante siglos. Y Maimónides, como la mayoría de los médicos, aprendió tanto de sus maestros como, a lo largo de su vida, desarrolló su propio entendimiento de la medicina, y de sus límites. No estaría de más atender a sus consejos médicos incluso hoy día.

LA PLEGARIA U ORACIÓN DEL MÉDICO

Esta oración, a menudo atribuida a Maimónides, se cree que fue en realidad escrita por Marcus Herz, un médico alemán, en 1793. Herz la presentó como «Oración diaria de un médico antes de visitar a sus enfermos», alegando que era de un manuscrito hebreo de un famoso médico judío del siglo XII que trabajaba en Egipto. Sin embargo, esta atribución a Maimónides es cuestionable, nosotros lo ofrecemos porque hacemos nuestro el viejo dicho italiano: *se non è vero, è ben trovato.*

Dios Todopoderoso, Tú has creado el cuerpo humano con infinita sabiduría. Tú has combinado en él diez mil veces, diez mil órganos, que actúan sin cesar y armoniosamente para preservar el todo en su belleza: el cuerpo que es envoltura del alma inmortal. Trabajan continuamente en perfecto orden, acuerdo y dependencia.

Sin embargo, cuando la fragilidad de la materia o las pasiones desbocadas del alma trastornan ese orden o quiebran esa armonía, entonces unas fuerzas chocan con otras y el cuerpo se desintegra en el polvo original del cual proviene. Tú envías al hombre la enfermedad como benéfico mensajero que anuncia el peligro que se acerca y le urges a que lo evite.

Tú has bendecido la tierra, las montañas y las aguas con sustancias curativas, que permiten a tus criaturas aliviar sus sufrimientos y curar sus enfermedades. Tú has dotado al hombre de sabiduría para aliviar el dolor de su hermano, para diagnosticar sus enfermedades, para extraer las sustancias curativas, para descubrir sus efectos y para prepararlas y aplicarlas como mejor convenga en cada enfermedad.

En Tu eterna Providencia, Tú me has elegido para velar sobre la vida y la salud de Tus criaturas. Estoy ahora preparado para dedicarme a los deberes de mi profesión. Apóyame, Dios Todopoderoso, en este gran trabajo para que haga bien a los hombres, pues sin Tu ayuda nada de lo que haga tendrá éxito.

Inspírame un gran amor a mi arte y a Tus criaturas. No permitas que la sed de ganancias o que la ambición de renombre y admiración echen a perder mi trabajo, pues son enemigas de la verdad y del amor a la humanidad y pueden desviarme del noble deber de atender al bienestar de Tus criaturas.

Da vigor a mi cuerpo y a mi espíritu, a fin de que estén siempre dispuestos a ayudar con buen ánimo al pobre y al rico, al malo y al bueno, al enemigo igual que al amigo. Haz que en el que sufre yo vea siempre a un ser humano.

Ilumina mi mente para que reconozca lo que se presenta a mis ojos y para que sepa discernir lo que está ausente y escondido. Que no deje de ver lo que es visible, pero no permitas que me arrogue el poder de inventar lo que no existe; pues los límites del arte de preservar la vida y la salud de Tus criaturas son tenues e indefinidos.

No permitas que me distraiga: que ningún pensamiento extraño desvíe mi atención cuando esté a la cabecera del enfermo o perturbe mi mente en su silenciosa deliberación, pues son grandes y complicadas las reflexiones que se necesitan para no dañar a Tus criaturas.

Concédeme que mis pacientes tengan confianza en mí y en mi arte y sigan mis prescripciones y mi consejo. Aleja de su lado a los charlatanes y a la multitud de los parientes oficiosos y sabelotodos, gente cruel que con arrogancia echa a perder los mejores propósitos de nuestro arte y a menudo lleva a la muerte a Tus criaturas.

Que los que son más sabios quieran ayudarme y me instruyan. Haz que de corazón les agradezca su guía, porque es muy extenso nuestro arte.

Que sean los insensatos y locos quienes me censuren. Que el amor de la profesión me fortalezca frente a ellos. Que yo permanezca firme y que no me importe ni su edad, su reputación, o su honor, porque si me rindiera a sus críticas podría dañar a tus criaturas.

Llena mi alma de delicadeza y serenidad si algún colega de más años, orgulloso de su mayor experiencia, quiere desplazarme, me desprecia o se niega a enseñarme. Que eso no me haga un resentido, porque saben cosas que yo ignoro. Que no me apene su arrogancia. Porque, aunque son ancianos, la edad avanzada no es dueña de las pasiones. Yo espero alcanzar la vejez en esta tierra y vivir en Tu presencia, Señor Todopoderoso.

Haz que sea modesto en todo excepto en el deseo de conocer el arte de mi profesión. No permitas que me engañe el pensamiento de que ya sé bastante. Por el contrario, concédeme la fuerza, la alegría y la ambición de saber más cada día. Pues el arte es inacabable, y la mente del hombre siempre puede crecer.

En Tu eterna Providencia, Tú me has elegido para velar sobre la vida y la salud de Tus criaturas. Estoy ahora preparado para dedicarme a los deberes de mi profesión. Ayúdame, Dios Todopoderoso, en este gran trabajo para que haga bien a los hombres, pues sin Tu auxilio nada de lo que haga tendrá éxito.

CAPÍTULO 5

Los últimos años de Maimónides

> *«Has de saber, hijo mío, que no hay reposo para el*
> *hombre pobre en este mundo mediocre y despreciable;*
> *la dicha es para quien termina sus días rápidamente,*
> *sin preocupaciones para su alma».*
> Maimónides, Epístola a su hijo Abraham
> *(a modo de testamento).*

GUÍA DE PERPLEJOS

Se habrá percatado el lector de que en este libro siempre nos referimos a la obra cumbre de Maimónides como *Guía de perplejos*, no como «la» *Guía de perplejos*. La razón es muy sencilla, el título original en hebreo era *Moreh Nevukhim*. La palabra *moreh* significa el guía, el director, el que muestra el camino, y es un sustantivo masculino. La palabra *nevukhim* significa perplejo, titubeante, dubitativo, equivocado. Como se podrá ver, es fácil conjeturar que el propósito de Maimónides al ofrecer tal título a su libro era el de indicar que esta obra podría servir como un guía, como un maestro que enseña el camino que hay que seguir para poder evitar las procelosas aguas de las contradicciones entre el discurso racional y el discurso basado en la fe o la revelación.

Sabemos con cierta certeza que la obra *Guía de perplejos* fue iniciada alrededor del año 1185 y Maimónides la concluyó en el año 1191. Este libro culminaría la trilogía principal de las obras de nuestro autor que se habría iniciado con el *Comentario sobre la Mishná* (concluido en 1168), posteriormente siguió con la *Mishné Torá* (concluida en 1180) y se habría finalizado, precisamente, con *Guía de perplejos*, su *magnum opus* que le catapultaría a la inmortalidad intelectual.

Guía de perplejos estaba escrita en judeoárabe por lo que se necesitó de una traducción al hebreo que llevó a cabo Samuel ibn Tibbon, célebre traductor del que hemos hablado al inicio del capítulo 4 de este libro y con el que Maimónides mantuvo una abundante correspondencia para aclararle los pasajes más abstrusos y complejos de su obra y ayudarle, de este modo, con la traducción.

Probablemente, el episodio que provocó la redacción de esta obra fue el hecho de que el discípulo dilecto de Maimónides, Joseph ben Judah, se marchó de Fustat hasta Alepo, precisamente en el año 1185, y nuestro autor tuvo que enviarle por carta los distintos capítulos de su *Guía de perplejos* para poder seguir enseñándole su filosofía. Maimónides es muy claro desde el comienzo de su obra y su explicación nos ayuda a comprender mejor el sentido del título de la misma. El libro se propone servir de guía, de orientación para aquellas personas que se sientan desconcertadas, perplejas, sorprendidas o dubitativas por el peso de las contradicciones evidentes entre la razón y la fe. Y, aunque el libro nos parece hoy en día complejo y alambicado, de lectura difícil para el lector medio, Maimónides señala que lo escribió para poder dirigirse no solo a la élite intelectual, sino también a la gente de a pie.

Ya desde la introducción, Maimónides nos deja claro la meta que persigue, instruir a la persona creyente que se encuentra desubicada por las contradicciones entre las sagradas escrituras y la filosofía. Alcanzada esta meta, nuestro autor se propone otro objetivo, el de explicar las complejas metáforas y parábolas de las que están plagados los textos bíblicos y que pueden llevar al error por lo fácil que es malinterpretarlas o simplemente por lo oscuro de sus significados. De hecho, Maimónides considera que la principal causa de perplejidad se halla, precisamente, en la interpretación errónea de estas parábolas bíblicas. Así, nuestro autor pretenderá con su *Guía de perplejos* conducir al individuo de a pie, de modo que se aleje de las creencias imaginarias que provocaban miedo y estupor y llevarlo hacia una comprensión más racional que le permita una aproximación más adecuada hacia la realidad. Con esta idea nos viene pintiparada la comparación del libro con la idea de un mapa que nos sirve para ubicarnos cuando estamos perdidos.

Hay un cierto regusto socrático en la lectura de *Guía de perplejos,* eso sí, salvando ciertas distancias. Maimónides trata de imitar ese propósito de guiar las almas, ese carácter psicagógico (del griego *psyche,* alma, y *ago,* conducir) con el que Platón trata de mostrarnos en sus diálogos cómo era su maestro Sócrates. A través de la segunda persona, pues a lo largo de esta obra parece estar refiriéndose a todo lector cuando, en realidad, está dirigiéndose principalmente a su discípulo Joseph ben Judah, lo que nos está indicando nuestro autor es cómo debemos vivir. A esta pregunta, sobre cómo debemos vivir, se responde en el estilo íntimo propio de una conversación entre un maestro y un discípulo, pues *Guía de perplejos* está escrito en forma de diálogo (de ahí que no sea infrecuente que al lector le vengan a la memoria los diálogos platónicos).

LOS AVATARES HISTÓRICOS DE UN PERIODO CONVULSO

Históricamente hablando, la partida de Ricardo Corazón de León hacia Inglaterra marcó un período de relativa paz en Tierra Santa. Sin embargo, esta tranquilidad fue efímera, pues la noche del 3 al 4 de marzo de 1193 se produjo la muerte de Saladino en Damasco, un líder cuya partida dejó un vacío significativo en el panorama político de la región. Tras su deceso, sus hijos, al-Afdal y al-Aziz, heredaron el legado de su padre, repartiéndose Siria y Egipto, respectivamente. Pero la armonía entre los hermanos no duraría mucho, y pronto las disensiones internas y las revueltas comenzaron a desestabilizar ambos territorios.

La situación se agravó aún más con la muerte de al-Aziz en 1198 durante una cacería. Su fallecimiento dejó el trono a Malik al-Mansur, un joven de apenas nueve años, cuya inexperiencia lo convirtió rápidamente en un títere en manos de las facciones rivales de la corte. La inestabilidad continuó hasta el año 1200, cuando al-Adil, hermano menor de Saladino, tomó las riendas del poder y se proclamó sultán supremo de los dominios ayubíes. Bajo su gobierno, la región experimentó un renacimiento en términos de estabilidad, comercio y cultura, beneficiándose también de las buenas relaciones establecidas con los cristianos.

En este contexto de cambios y turbulencias, Maimónides, trabajando en la corte de El Cairo, fue testigo de primera mano de estos acontecimientos. Su vida, aunque agitada, no cambió significativamente en su rutina diaria. Como médico, continuó atendiendo tanto a cortesanos como a la gente común, al tiempo que administraba la vida de la comunidad judía en Fustat. A pesar de sus múltiples responsabilidades, Maimónides encontraba tiempo para estudiar y escribir, produciendo algunas de sus obras médicas más importantes durante este período. Estas incluyen el *Comentario de los aforismos de Hipócrates* escrita en 1189, *Aforismos médicos de Moisés* de 1190, el *Tratado sobre el asma* también de 1190, la *Guía de la buena salud* de 1198 y el *Tratado sobre los venenos y sus antídotos* de 1199, además del *Tratado sobre la resurrección de los muertos* escrito en 1191, del que ya hemos hablado previamente y escrito en respuesta a las acusaciones de rabinos sobre sus creencias.

Maimónides también se ocupaba de responder consultas de todo el mundo. Por ejemplo, en 1195, desde Montpellier, se le pidió su opinión sobre la astrología y su influencia en el comportamiento humano. Su respuesta fue contundente, rechazando la astrología como una «gran mentira», diferenciándola claramente de la astronomía, que consideraba una ciencia legítima basada en el conocimiento empírico de los astros.

A pesar de su incesante trabajo, la salud de Maimónides comenzó a deteriorarse. En una carta de 1199 a Samuel ibn Tibbon, expresó sentirse debilitado y envejecido: «He perdido las fuerzas, me he hecho viejo», escribió. Finalmente, el 13 de diciembre de 1204, lunes, Maimónides falleció en Fustat. Siguiendo su deseo, sus restos fueron trasladados a Tiberíades, en Israel, donde fue enterrado al lado de su padre. En su tumba se grabó una inscripción que lo equiparaba con el gran profeta bíblico Moisés, reflejando la profunda huella que dejó en su comunidad y en la historia del pensamiento.

Bajorrelieve de mármol de Maimónides, uno de los 23 relieves de grandes legisladores históricos que se encuentran en la Cámara de Representantes de los EE. UU., en el Capitolio de los Estados Unidos. Esculpido por Brenda Putnam en 1950.

LA LEYENDA DE MAIMÓNIDES Y
RICARDO CORAZÓN DE LEÓN

Ricardo I de Inglaterra, también conocido como Ricardo Corazón de León, fue uno de los monarcas europeos que lideró las Cruzadas y llegó a Palestina en junio de 1191. El sobrenombre de Corazón de León procedía de su valentía y arrojo frente al enemigo. Hay una leyenda, una mixtificación más que probable, que narra que las relaciones entre Saladino y Ricardo Corazón de León eran de lo más cordiales, a pesar de ser enemigos declarados, pues andaban enfrentados precisamente a causa de las Cruzadas. Pues bien, según esta leyenda, parece ser que Ricardo Corazón de León fue herido en una escaramuza y el sultán Saladino decidió mandarle al mejor de sus médicos, en este caso se trataría de Maimónides. Nuestro sabio pensador acudió a la llamada de su sultán y fue al campamento cristiano, donde curó hábilmente al rey inglés quien, impresionado por sus enormes dotes curativas y médicas, trató de persuadirlo de que abandonara Fustat y se dirigiera con él de regreso a Inglaterra, a Londres. Según esta leyenda, Maimónides rechazó educadamente la propuesta de Ricardo Corazón de León, alegando que se encontraba satisfecho junto al por entonces visir, al-Fadil, quien, como veremos en seguida, probablemente acababa de salvarle la vida.

Sea como fuere, las fuentes históricas con las que contamos sugieren que toda esta leyenda es más que probable que nunca ocurriera en realidad, pero la incluimos en este libro por dos motivos: primero, porque resulta conveniente que el lector conozca una leyenda de esta importancia sobre el protagonista de estas páginas, y segundo porque de nuevo hacemos nuestro el viejo dicho italiano que es muy de nuestro gusto: *se non è vero, è ben trovato,* que significa algo así como «si no es verdad, está bien inventado».

EL PASADO TOCA A LA PUERTA DE MAIMÓNIDES

El episodio más controvertido y complejo de la biografía de Maimónides, ya de por sí azarosa como hemos podido comprobar a lo largo de todo este libro, ocurrió en el tramo final de su vida, alrededor del año 1190, precisamente el año anterior a la culminación de la redacción de su obra más influyente, *Guía de perplejos*.

Para poder contar con la máxima claridad este asunto, tendremos que mencionar una cuestión que no queda del todo clara en la trayectoria biográfica de nuestro autor: si se convirtió o no al islam durante su estancia en Fez, alrededor de 1162 o 1165. Aunque esa supuesta conversión también pudo tener lugar durante su periodo en al-Ándalus.

En su *Epístola sobre la conversión forzosa*, carta a la que dedicamos en páginas anteriores un análisis más detenido, Maimónides habla de sí mismo como un converso forzoso que ha de perseguir el perdón de Dios por haber cometido esa falta. Tenemos testimonios directos que podrían indicar que Maimónides se vio obligado a fingir haberse convertido al islam y vivir como un musulmán, como por ejemplo un comentario al *Cantar de los cantares* del sabio judío Joseph ben Judah ibn Aqnin, discípulo de nuestro pensador, en el que se expresan los sentimientos de culpa que sufrían mientras se veían obligados a estudiar la Torá con Maimónides en secreto para no desvelar su profesión de fe judía. Aunque Ibn Aqnin no escribe directamente que Maimónides fuera uno de los judíos que fingían ser musulmanes y que vivían aparentemente como musulmanes, la descripción que nos legó de cómo tenían que estudiar la Torá en secreto y de las circunstancias que rodeaban este asunto nos hacen pensar que Maimónides, como el resto de judíos en Fez, tenía que ocultar su religión judía. Juzgue el lector por sí mismo con el texto de Ibn Aqnin al que hacemos referencia:

> He guardado sus palabras para ti, ya que aluden a genera-
> ciones de conversos forzosos, porque observamos los manda-

mientos de la Torá mientras, sobre nosotros, pende el filo de una espada. Pero esta conversión forzosa no impidió, como es bien sabido, que siguiéramos consagrados al estudio de la Torá. Una prueba de nuestra afirmación es la aparición del gran sabio, nuestro Maimónides, en Fez, la amplitud de cuyo conocimiento no tiene parangón. Bastaría, para nosotros, con apelar a él en nuestra conversión forzosa.

Joseph ben Judah ibn Aqnin,
Comentario al Cantar de los cantares.

Así, pues, nunca podremos estar completamente seguros y tan solo podemos conjeturar, pero tal vez Maimónides se vio obligado a convertirse al islam falsamente y a vivir públicamente como si fuera musulmán durante el periodo de tiempo en que vivió en Fez. Si fue así, ello no le impidió dedicarse al estudio de la Torá y al cumplimiento de los mandamientos judíos. Ahora bien, en este momento es cuando comienza la parte de mayor complejidad del episodio que tratamos de narrar. En 1190, cuando Maimónides ya llevaba muchos años en Fustat y era una figura muy conspicua no solo para la comunidad judía de Egipto, sino para las juderías de casi todo el Mediterráneo, en uno de sus viajes diarios a El Cairo para atender a la corte del sultán, nuestro autor se encontró con un hombre de Fez que se llamaba Abu Arab ibn Muisha que lo había conocido, precisamente, en Fez, pero lo había conocido como musulmán. Ibn Muisha, al ver a Maimónides vestido como un judío y actuando como cabeza de la comunidad judía de Fustat y El Cairo, llegó a la conclusión de que nuestro autor debía haber renunciado al islam, lo cual era un delito que se pagaba con la vida.

Conocemos con detalle todo el episodio gracias al libro *Historia de los sabios*, de Ibn al-Qifti, que fue amigo muy próximo precisamente de Joseph ben Judah ibn Aqnin, discípulo de Maimónides al que citamos en la página anterior. Dice Ibn al-Qifti en su *Historia de los sabios*:

Cuando la orden entró en vigor [la de convertirse forzosamente al islam], quienes tenían pocas propiedades huyeron, mientras que, quienes tenían muchas, quedaron al cuidado de su familia y su fortuna profesando externamente el islam, aun sin creer internamente en él. Maimónides fue uno de los que se quedaron en Marruecos. Durante la época en que fingía portar los signos distintivos del islam, también seguía rituales musulmanes concretos, como la plegaria o el estudio del Corán.

Cerca del final de su vida, Maimónides se vio acosado por un hombre procedente de Andalucía, un jurista llamado Abu Arab ibn Muisha que después de viajar a Fustat y encontrarse con Maimónides, le acusó de haberse convertido al islam en al-Ándalus, difamándole con la intención de hacerle daño porque se trataba de una acusación merecedora de la pena capital. Pero al-Fadil lo impidió, proclamando la ilegitimidad de cualquier conversión forzosa al islam.

Ibn al-Qifti, Historia de los sabios.

La cuestión fue, pues, bastante peliaguda y Maimónides arriesgaba incluso su vida ante las acusaciones de Ibn Muisha. Aunque muchos historiadores han tratado de impugnar la identidad de este personaje modificando su nombre y su origen, podemos estar completamente seguros de que existió y disponemos de datos fiables sobre su biografía. Al parecer, Ibn Muisha era de origen ceutí y se trasladó a Fez, donde trabajó en la ampliación de la mezquita Qarawiyyin. Fue poeta, teólogo y jurista. Pudo conocer de cerca a Maimónides por varios factores: primero, porque ambos pertenecían a la élite intelectual de la ciudad, segundo porque probablemente Maimónides debía frecuentar la mezquita y tercero porque Maimónides, con la mayor probabilidad, en ese momento se comportaba como un musulmán. Si esto fue así, es normal el pensar que nuestro autor ocultara su identidad a Ibn Muisha. También sabemos que Ibn Muisha era, probablemente, un almorávide («de los que se cubrían con un velo»), cuestión que, por cierto, pudo ser el motivo por el que se vio obligado a abandonar Fez cuando el auge de los almohades hizo irrespirable la atmósfera de convivencia de la ciudad.

Por otra parte, no podemos soslayar la intervención providencial de al-Fadil quien defendió a Maimónides alegando que las fuentes legales musulmanas apoyaban la idea de la ilegalidad de toda conversión forzosa.

Según la tradición se cree que la tumba de Maimónides se halla en la zona central de Tiberíades, en la costa oeste del mar de Galilea, en Israel.

Sea como fuere, es ahora cuando tenemos que contar el cénit de esta narración. Cuando Maimónides supo que Ibn Muisha se encontraba en El Cairo, contrató a un asesino y le pagó una enorme cantidad de dinero para que lo matara. El asesino, bajo un falso pretexto, engañó a Ibn Muisha, lo condujo hasta la orilla del Nilo, lo golpeó en la cabeza con un bastón y lo tiró al río. Así fue como Abu Arab ibn Muisha pereció. Desde el punto de vista religioso, para el judaísmo, Maimónides no cometió ningún delito ni infringió ningún mandamiento, pues la ley talmúdica consideraría que el acto de contratar a un asesino en semejantes circunstancias sería una legítima defensa.

Como habrá podido comprobar el lector avezado, este episodio de la vida de Maimónides tiene dos desenlaces diferentes en absoluto incompatibles. Por una parte, el texto de Ibn Qifti nos decía que el alto funcionario del sultán, al-Fadil, salvó a Maimónides de la acusación de Ibn Muisha, alegando que ninguna conversión lograda bajo coacción es legítima. Por otra parte, tenemos el episodio de la contratación de un sicario por parte de nuestro autor para acabar con la vida de su acusador.

Sobre la conversión de Maimónides al islam, es más que probable que se viera obligado a ello, tal vez en Fez, puede que incluso antes, durante sus años en al-Ándalus. En cuanto pudo abandonar Fez y arribó, primero a Acre y posteriormente a Fustat, Maimónides volvió a su fe judía.

EL TESTAMENTO DE MAIMÓNIDES

En la madrugada de un lunes, el 20 de Tévet de 4965, lo que es lo mismo, el día 13 de diciembre de 1204, Maimónides, enfermo y agotado, poco antes de morir, terminó de redactar un precioso testamento:

Oídme, hijos, que habéis sido bendecidos por Dios, Creador del cielo y la tierra, sed fuertes y haceos hombres;

temed al Dios de vuestro padre, de Abraham, Isaac y Jacob. Servidlo con fe y con amor, pues el temor hace cuidarse del pecado, mientras que el amor impulsa a cumplir los mandamientos divinos.

Y continúa especificando cada uno de los puntos:

Distinguid bien la luz de la oscuridad, y apartaos de la muerte y del mal, elegid siempre la vida y el bien, pues la elección está en vuestras manos. Observad siempre buenas costumbres, pues la naturaleza del hombre depende de las costumbres y viceversa. Absteneos de participar en reuniones fútiles, de la vagancia y del ocio, pues de allí provienen los frutos del mal. Frecuentad en lo posible las reuniones de los sabios, mas con modestia y sumisión y ocupando los lugares menos destacados. Prestad atención y aguzad el oído para saber qué es lo que ellos elogian y qué es lo que desechan. No os ufanéis en su presencia y no temáis preguntar lo que no os resulta claro. Solo cuidad de hacerlo en el momento preciso y con las palabras adecuadas. Rondad las casas de los sabios y estudiosos; por allí debéis pasearos. Hablad con vuestras mejores palabras, en un estilo refinado y culto, con voz agradable y siempre con respecto al tema que se está tratando, dando la impresión de que buscáis realmente la verdad y no que estáis buscando discusión. Emulad a los eruditos y despreciad en vuestro interior a los necios. Estudiad mientras sois jóvenes y vuestro corazón está libre, y no esperéis a que la mente se llene de pensamiento y se debilite la memoria, pues vendrá entonces un momento en que querréis y no podréis. Cuando encontréis un escrito difícil e intrincado, y una cita un tanto rara en la Torá, los libros de los profetas o los hagiógrafos, que os resulte indescifrable y que contradiga los principios de la Torá, no os alarméis y no dejéis paso a la perplejidad. Haced caso omiso del intelecto y no os apartéis de vuestra fe por causa de ese detalle. Preferid siempre la verdad y la justicia, por más que os parezca que resultaréis perjudicados defendién-

dolas y que por la vía de la impiedad y la mentira os benefi-
ciaréis. Sabed que la verdad y la justicia son joyas del alma y
dan fuerza y seguridad de uno mismo. Vivid con dignidad,
pureza de espíritu y honradez, y no os acerquéis a lo que no
os pertenece, ni os guiéis por principios que no os resulten
absolutamente claros. Acercaos a los apartados, enseñad a
los incultos y proteged a los desamparados, cuidando de
no humillarlos con vuestro óbolo. No sacrifiquéis vuestras
almas ni vuestros pensamientos al cuerpo ni al dinero, pues
de ser así, ¿qué os queda ya? Yo he visto que por culpa de las
riñas y peleas se han enturbiado los puros, han disminuido
los numerosos, familias han sido deshechas, ministros han
sido relevados, grandes ciudades han decaído, comunidades
se han dividido, los creyentes se transformaron en herejes
y los encumbrados perdieron sus honores por causa de las
vanas discusiones. Conducíos con modestia, pues ella os
permitirá escalar elevadas posiciones. Someted la materia
al intelecto, es decir, el cuerpo al alma, pues de su esclavitud
depende vuestra libertad. Comed solo lo suficiente para
vivir, y absteneos de lo superfluo. En las comidas de cama-
radería se advierte si una persona es o no culta (es decir, en
los ágapes colectivos es posible conocer a las personas por
sus maneras). Sed caritativos al máximo. Honrad a vuestras
esposas, pues ellas son vuestra honra.

INFLUENCIAS DE MAIMÓNIDES
EN OTROS FILÓSOFOS

Con el pasar de los siglos, el legado de Maimónides no ha
hecho más que crecer, consolidando su estatus como una
figura central en los debates teológicos dentro del judaísmo.
Más allá de los círculos religiosos, su obra se considera un
pilar de la filosofía medieval, y su pensamiento sigue siendo
una fuente de inspiración y análisis para filósofos de todas

las épocas. Maimónides no solo dejó un legado en el campo de la medicina y la filosofía, sino que también se convirtió en un símbolo de la búsqueda incansable del conocimiento y la comprensión, un faro de sabiduría en tiempos de turbulencia y cambio.

El legado de Maimónides se ha expandido y profundizado, consolidando su posición como un coloso en el ámbito del pensamiento judío y filosófico. Su influencia trasciende las barreras del tiempo y la geografía, estableciéndose firmemente como una figura central en los debates teológicos y filosóficos dentro y fuera del judaísmo. Maimónides no fue solo un médico y filósofo destacado, sino también un luminar que iluminó el camino para innumerables pensadores y estudiosos que vinieron después de él.

Maimónides dejó una huella indeleble en la teología judía. Su obra magna, *Guía de perplejos*, es considerada una de las contribuciones más significativas al pensamiento religioso y filosófico judío. En ella, Maimónides aborda con profundidad y sutileza las cuestiones más espinosas de la fe y la razón, ofreciendo una visión que integra la filosofía aristotélica con la tradición judía. Su enfoque racionalista para comprender los textos sagrados y los principios de la fe ha sido una fuente de inspiración y debate continuo, influyendo en generaciones de rabinos, teólogos y laicos.

Más allá de su impacto en el judaísmo, Maimónides es considerado como un pilar fundamental de la filosofía medieval. Su habilidad para entrelazar el pensamiento griego, especialmente el de Aristóteles, con las tradiciones religiosas abrahámicas, lo sitúa como un puente entre culturas y épocas. Su obra es un testimonio de la búsqueda de un entendimiento universal de la humanidad, la ética y el mundo natural. Filósofos de todas las épocas han encontrado en Maimónides un modelo de cómo el pensamiento riguroso y la fe pueden coexistir y enriquecerse mutuamente.

Nuestro autor, con su profundo conocimiento y su habilidad para fusionar la filosofía aristotélica con la teología judía, influyó en una serie de filósofos y pensadores a lo largo de los siglos, tanto dentro como fuera del ámbito del judaísmo. Algunos de los más destacados y que merece la pena señalar son los siguientes.

TOMÁS DE AQUINO (1225-1274)

Aunque pertenecía a una tradición religiosa diferente, Tomás de Aquino se vio influenciado por las ideas de Maimónides, especialmente en su intento de armonizar la fe con la razón y la filosofía aristotélica. Su encuentro supuso la toma de contacto de dos mundos filosóficos diferentes. La relación intelectual entre Maimónides y Tomás de Aquino representa un fascinante cruce de caminos en la historia de la filosofía y la teología. Maimónides y Tomás de Aquino, aunque no se conocieron personalmente, pues el Aquinate nació veinte años después de muerto Maimónides, compartieron un interés común en la integración de la fe y la razón, un legado aristotélico y una profunda influencia mutua. La obra de Maimónides *Guía de perplejos*, que podríamos resumir radicalmente diciendo que es un tratado que utiliza la filosofía aristotélica para explicar la fe judía, influyó significativamente en Tomás de Aquino.

Tomás de Aquino, por su parte, es conocido por introducir el pensamiento aristotélico en la teología cristiana escolástica del siglo XIII. A través de su *Suma teológica* y otras obras, Aquino buscó sintetizar la razón y la fe, argumentando que ambas podían coexistir y complementarse. La influencia de Maimónides en Aquino se manifiesta en varias áreas, incluyendo sus ideas sobre la naturaleza de Dios, la creación y la relación entre filosofía y teología.

Una de las áreas clave de influencia fue en la doctrina de la creación. Maimónides y Aquino compartieron la visión de un universo creado por una inteligencia y voluntad divinas, desafiando la noción de un cosmos surgido de una necesidad natural. Ambos argumentaron que el mundo es posible porque Dios puede crearlo y porque su creación no es imposible. Esta visión se alinea con la idea aristotélica del motor inmóvil, una noción que Maimónides adaptó a la fe judía y que Aquino integró en su teología cristiana.

Otro punto de encuentro fue la demostración de la existencia de Dios. Maimónides, a través de su interpretación de la filosofía aristotélica, y Aquino, en su *Suma teológica*, buscaron demostrar racionalmente la existencia de Dios. Ambos utilizaron conceptos como el motor inmóvil, el ser necesario y la causa primera para argumentar a favor de la existencia de un ser supremo.

Sin embargo, también hubo diferencias significativas en sus enfoques. Mientras que Maimónides se enfocó en la interpretación racionalista de la ley hebrea, Aquino buscó una síntesis más amplia de la filosofía aristotélica con la teología cristiana. Tomás de Aquino desarrolló un enfoque más sistematizado, integrando la razón en todos los aspectos de la teología, excepto en aquellos relacionados con la revelación divina.

La influencia de Maimónides en Tomás de Aquino no solo marcó un punto de inflexión en la historia del pensamiento medieval, sino que también sentó las bases para futuros diálogos interreligiosos e interculturales. La capacidad de ambos pensadores para dialogar con la tradición aristotélica desde sus respectivos contextos religiosos demostró la posibilidad de un encuentro fructífero entre distintas corrientes filosóficas y teológicas.

Hoy en día, el legado de ambos autores sigue siendo relevante. Su búsqueda de una armonía entre fe y razón, su apertura al diálogo entre diferentes tradiciones y su compromiso con la profundización del conocimiento siguen inspirando a pensadores, teólogos y filósofos.

BARUCH SPINOZA (1632-1677)

Aunque crítico con algunas de las ideas de Maimónides, Spinoza fue influenciado por su racionalismo y su enfoque en la interpretación bíblica. El estudio de la influencia de Maimónides sobre Baruch Spinoza revela una relación compleja y matizada entre dos de los más grandes pensadores de sus respectivos tiempos. Aunque en un principio se creía que Maimónides fue un precursor protomoderno de Spinoza y que sus enseñanzas estaban estrechamente relacionadas, investigaciones recientes han comenzado a cuestionar esta percepción, sugiriendo que, aunque existen similitudes, también hay diferencias fundamentales en sus perspectivas filosóficas.

Una de las principales áreas de interés en la comparación de Maimónides y Spinoza es su visión de la naturaleza humana. A pesar de algunas similitudes, los dos filósofos tienen enfoques distintos y a veces contradictorios. Mientras que Maimónides es visto tradicionalmente como un defensor del judaísmo, Spinoza es conocido por su defensa de la secularización durante la Ilustración. Este contraste se hace evidente en obras clave como *Guía de perplejos* de Maimónides y la *Ética* de Spinoza.

Baruch Spinoza. [Rijksmuseum]

Un análisis detallado de la *Ética* de Spinoza, haciendo hincapié en su teoría de la naturaleza humana y contrastándola con *Guía de perplejos* de Maimónides, revela que la relación entre Maimónides y Spinoza no es tan directa como se pensaba anteriormente, y que no se puede considerar a Maimónides como un precursor de una visión secular moderna ni a Spinoza como el fundador de la identidad judía moderna.

Entre las áreas de comparación se encuentra la relación entre filosofía y religión, los conceptos de ancianos y modernos, y las diferencias en sus enfoques sobre temas como la libertad frente al determinismo, y la teleología frente a los ideales imaginados. Consideramos que la tendencia actual de asimilar a Maimónides con Spinoza es atractiva superficialmente pero fundamentalmente engañosa, destacando la importancia de una comprensión más matizada de sus enseñanzas. Este análisis no solo mejora nuestra comprensión de ambos filósofos, sino que también desafía la forma en que se ha pensado sobre ellos durante el último siglo. La investigación sugiere que, aunque compartían ciertas ideas, sus enfoques y conclusiones diferían significativamente, lo que hace necesario un estudio más profundo y diferenciado de sus obras y legados.

Así, la influencia de Maimónides en Spinoza es un tema complejo y sujeto a debate, con opiniones divergentes entre los estudiosos. Lo que es claro es que ambos filósofos siguen siendo figuras centrales en el estudio de la filosofía y la teología, y su interacción intelectual ofrece una rica veta de análisis para los interesados en la historia del pensamiento, además de que se hace evidente que Spinoza fue otro de los filósofos influidos por nuestro pensador, aunque solo fuera para discrepar de él.

ALBERTO MAGNO (1193-1280)

Este filósofo y teólogo, conocido por su vasto conocimiento en diversas disciplinas, también se vio influenciado por Maimónides, particularmente en su trabajo para integrar la filosofía aristotélica con la teología cristiana.

La influencia de Maimónides en Alberto Magno representa, de nuevo, un fascinante cruce de caminos en la historia del pensamiento filosófico y teológico medieval. Maimónides jugó un papel crucial en la síntesis de la fe y la razón, la religión y la filosofía, y en la interpretación racionalista y alegórica de la ley religiosa. Estos esfuerzos de Maimónides no solo resonaron en la comunidad judía, como ya hemos visto, sino también entre los filósofos cristianos, entre ellos Alberto Magno, también conocido como san Alberto Magno.

Retrato de Alberto Magno. [Wellcome Collection]

Alberto Magno, un fraile dominico y obispo de la Iglesia católica, fue un destacado teólogo, geógrafo, filósofo y polímata de la ciencia medieval. Conocido como *Doctor universalis*, Alberto Magno estudió en Padua y París y enseñó en diversas universidades europeas. Su obra se caracterizó por un profundo conocimiento de la filosofía aristotélica, a la cual añadió sus propios comentarios y experimentos.

Alberto Magno es una figura clave en la historia de la filosofía por su papel crucial en la reintroducción de la filosofía aristotélica en el pensamiento cristiano medieval. Su trabajo en traducir, comentar e integrar las enseñanzas de Aristóteles con la teología cristiana allanó el camino para el desarrollo del escolasticismo, una corriente filosófica que buscaba armonizar la fe y la razón. Además de su impacto filosófico, Alberto fue un polímata notable, contribuyendo al conocimiento en áreas como botánica, geografía y alquimia, anticipando aspectos del método científico moderno.

Fue mentor de santo Tomás de Aquino, influenciando significativamente el pensamiento de este último y su integración de la filosofía aristotélica en la teología cristiana. Alberto defendió el uso de la razón en la teología y abogó por una complementariedad entre fe y razón. Reconocido como uno de los 37 Doctores de la Iglesia por la Iglesia católica, su legado continúa siendo fundamental en el estudio de la filosofía medieval y en la historia del pensamiento occidental.

Maimónides y Alberto Magno compartían una fuente filosófica común en Aristóteles, y aunque cada uno pertenecía a diferentes tradiciones religiosas, sus esfuerzos por reconciliar la fe con la razón y la religión con la filosofía encontraron ecos en sus respectivos campos. Maimónides, a través de su obra *Guía de perplejos*, ejerció una influencia importante en Alberto Magno. Maimónides, educado principalmente a través de la lectura de las obras de los filósofos árabes musulmanes, adquirió un conocimiento íntimo no solo de la filosofía árabe musulmana, sino también de las doctrinas de Aristóteles, lo cual influyó en su interpretación de la fe y la razón. La influencia de Maimónides en Alberto Magno es un ejemplo del entrelazado de la filosofía y la teología a través de las fronteras religiosas y culturales durante la Edad Media. Representa un capítulo significativo en la historia del pensamiento, donde el intercambio intelectual contribuyó al desarrollo de la filosofía y la teología en el mundo occidental.

LEIBNIZ (1646-1716)

Gottfried Wilhelm Leibniz, uno de los grandes filósofos racionalistas, mostró interés en las obras de Maimónides, particularmente en sus conceptos de Dios y el universo. La relación entre ambos es un tema profundo y poliédrico, especialmente en lo que respecta a la influencia filosófica del primero en el segundo.

Leibniz es reconocido por su desarrollo de la teoría de las mónadas y su interés en la relación entre la filosofía y la teología. La filosofía de Maimónides, que sostiene que la razón y la revelación son modos complementarios de acceso a la verdad, podría haber influido en Leibniz, especialmente en su intento de reconciliar la ciencia, la filosofía y la teología. Además, ambos compartían un interés en la lógica aristotélica y la posibilidad de armonizar la razón con la fe religiosa.

El interés de Leibniz en Maimónides podría atribuirse a varios factores. Primero, la dedicación de Maimónides a integrar la filosofía aristotélica con la fe judía pudo haber resonado con los esfuerzos similares de Leibniz en el cristianismo. Segundo, el enfoque de Maimónides en la razón y la revelación como complementarias podría haber ayudado a Leibniz en su búsqueda de un sistema filosófico que abarcara tanto la ciencia como la teología. Y tercero, la habilidad de Maimónides para mantener un diálogo entre diferentes tradiciones filosóficas y religiosas pudo haber sido un modelo para Leibniz en su propio trabajo interdisciplinario.

La fascinación de Leibniz por la obra *Guía de perplejos* también puede atribuirse a la profunda filosofía y la integración de la fe y la razón que presenta el libro. Y hablamos de fascinación sin ambages porque Leibniz escribió un libro curiosísimo titulado *Antología de la guía de Maimónides* que recogía todas las notas que la lectura de la obra del filósofo judío había suscitado en el filósofo alemán. Maimónides, conocido por su inteligencia filosófica y su conocimiento en áreas como las matemáticas, la medicina y las Sagradas Escrituras, ofrece en su obra una perspectiva filosófica que Leibniz consideró digna de atención. Además, la influencia de *Guía de perplejos* en la escolástica y su papel en la reintegración de las leyes del pensamiento en el ámbito de la fe es evidente, lo que nos lleva a pensar que, tal vez, esta obra de Maimónides estuviera detrás de la elaboración del principio ontológico de razón suficiente por parte de Leibniz.

EL PRINCIPIO ONTOLÓGICO DE RAZÓN SUFICIENTE

La ontología es la disciplina filosófica que se ocupa de los entes. Un ente es todo aquello que es.

Este principio, también conocido como principio de razón o del fundamento, es llamado también principio de Leibniz, porque este filósofo alemán lo enunció por primera vez y se define así:

Todo ente tiene su razón o fundamento que lo justifica. O dicho negativamente, nada hay porque sí, nada puede surgir de la nada (el viejo adagio clásico *ex nihilo, nihil fit* del que hablamos en páginas anteriores). Este cuarto principio ontológico sostiene que no puede haber nada absolutamente que no tenga su respectivo fundamento; no sostiene, en absoluto, que conozcamos ese fundamento, o la razón de tal o cual ente. Podemos no saber, por ejemplo, la causa de una enfermedad, como el Alzheimer, pero ello no significa que esta no tenga su fundamento. Cuestiones como esta no argumentan en contra del principio de razón suficiente, sino que más bien indican nuestra incapacidad para penetrar en el fondo de las cosas y determinar sus respectivas razones.

El principio de razón suficiente fue acuñado por Leibniz con objeto de afianzar un argumento a favor de la existencia de Dios. El principio dice, y recordamos la definición, que todo ente tiene una razón que lo justifica, pero si aplicamos este principio, que afecta a todos los entes, al propio ente de Dios, surge el problema de que la razón que justifique la existencia de Dios sería el dios de dios, y este, a su vez, requeriría de otra razón que lo justificara (de acuerdo con el principio de razón suficiente del que estamos hablando) y esta sería el dios de dios de dios, así hasta el infinito. Este razonamiento ha sido utilizado como argumento para el ateísmo, lo cual no deja de ser paradójico, pues Leibniz creó el principio para demostrar la existencia necesaria de la divinidad.

AVERROES (1126-1198)

Aunque Averroes fue contemporáneo de Maimónides y más un paralelo que un seguidor, sus trabajos en filosofía y teología a menudo son comparados y ambos compartieron un profundo respeto por la filosofía aristotélica.

Averroes y Maimónides nacieron en Córdoba y vivieron en una época donde al-Ándalus era un crisol de culturas y religiones. Ambos recibieron una educación extensa que incluyó filosofía, medicina y teología, lo que les permitió acceder a las obras de Aristóteles a través de traducciones árabes. Esta base común fue fundamental en el desarrollo de sus respectivas filosofías.

Averroes es conocido como el Comentador de Aristóteles. Su obra filosófica se centró en explicar y contextualizar las ideas del filósofo griego, a quien consideraba la máxima autoridad en filosofía natural y metafísica. Averroes se esforzó por armonizar la filosofía racionalista de Aristóteles con los principios del islam, lo que a menudo lo puso en conflicto con las autoridades religiosas de su tiempo.

Por su parte, Maimónides, como llevamos viendo, integró el pensamiento aristotélico en el judaísmo. Su obra filosófica más importante, *Guía de perplejos,* es un intento de resolver las aparentes contradicciones entre la filosofía racional y la fe religiosa. Maimónides defendía que la razón y la revelación no eran incompatibles, sino que se complementaban mutuamente, un enfoque que influiría profundamente en la filosofía judía posterior.

A pesar de sus similitudes, Averroes y Maimónides divergieron en cómo interpretaron y aplicaron el pensamiento aristotélico. Averroes, al mantener un diálogo más directo con el islamismo, se enfrentó a desafíos únicos en su intento de reconciliar la razón con la revelación. Maimónides, por otro lado, se enfocó en cómo la filosofía podía servir para entender mejor los textos religiosos judíos y promover una forma de vida ética basada en la razón.

El legado de Averroes y Maimónides trasciende sus respectivas tradiciones religiosas. Ambos influyeron en el pensamiento cristiano medieval, especialmente en la escolástica. Averroes, en particular, fue una figura clave en la transmisión del aristotelismo al mundo latino, mientras que Maimónides influyó en pensadores judíos y cristianos por igual.

Averroes y Maimónides, a través de su dedicación a la filosofía aristotélica, demostraron cómo el pensamiento racional y la fe religiosa pueden coexistir y enriquecerse mutuamente. Sus obras no solo reflejan los desafíos intelectuales de su época, sino que también continúan siendo relevantes en los debates contemporáneos sobre la relación entre razón y fe.

MARCO CONCEPTUAL MEDIEVAL

El marco conceptual medieval, particularmente en Europa, estuvo profundamente influenciado por el teocentrismo, es decir, la creencia de que Dios era el centro del universo y la explicación principal de la existencia y los fenómenos naturales. Esta perspectiva se arraigó en la sociedad medieval a través de la influencia dominante de la Iglesia católica, que no solo era una institución religiosa, sino también una poderosa entidad política y social.

En este contexto, los filósofos medievales a menudo encontraban dificultades para pensar fuera del marco del teocentrismo por varias razones:

Primero, por la propia autoridad de la Iglesia: La Iglesia era la principal fuente de conocimiento y autoridad. Cuestionar sus enseñanzas o interpretaciones de la Biblia podía considerarse herejía, lo que conllevaba graves consecuencias, desde el ostracismo social hasta la persecución y la muerte.

Segundo, por la integración de la fe y la razón: Los filósofos medievales, como santo Tomás de Aquino, buscaban armonizar la fe cristiana con la razón. Esto significaba que cualquier exploración filosófica tenía que alinearse con los dogmas cristianos. La idea de separar completamente la filosofía de la teología era casi impensable.

Tercero, la falta de acceso a pensamientos diversos: El acceso a textos y conocimientos no cristianos era limitado. Muchas obras de la Antigüedad clásica se redescubrieron y tradujeron solo hacia el final de la Edad Media. Antes de esto, el corpus de conocimiento disponible estaba predominantemente centrado en la tradición cristiana.

Cuarto, la visión cosmológica: El entendimiento de la cosmología y la física estaba imbuido de teocentrismo. Por ejemplo, la idea de que la Tierra era el centro del universo (geocentrismo) era una interpretación teocéntrica de la cosmología que no se cuestionó seriamente hasta el Renacimiento.

Quinto, el rol social y educativo de la Iglesia: La educación estaba principalmente en manos de la Iglesia. Las universidades medievales eran instituciones eclesiásticas donde el currículo estaba centrado en estudios teológicos. Esto limitaba la exposición a ideas no teocéntricas.

Así, podemos afirmar que pensar fuera del marco del teocentrismo era difícil para los filósofos medievales. La transición hacia una visión más humanista y eventualmente científica del mundo comenzó a surgir solo hacia el final de la Edad Media y se consolidó durante el Renacimiento. Ahora bien, los pensadores judíos de la Edad Media también participaron en el marco conceptual medieval, aunque de una manera única debido a su distinta identidad religiosa y cultural. Al estar en minoría y a menudo viviendo bajo regímenes cristianos o islámicos, los filósofos y eruditos judíos enfrentaron desafíos y oportunidades específicos que influenciaron su pensamiento. Veamos cuáles son estas características exclusivas de los pensadores judíos:

Primera, la interacción con culturas dominantes: Los judíos en la Edad Media interactuaban con las culturas cristianas y musulmanas, lo que les brindaba acceso a una variedad de textos filosóficos y científicos. Esto incluía obras de filósofos griegos, romanos, y más tarde musulmanes y cristianos. Esta interacción fomentó un intercambio intelectual que enriqueció el pensamiento judío.

Segunda, la necesidad de defensa y explicación de la propia doctrina: Dada su posición minoritaria y a menudo precaria, los pensadores judíos se vieron obligados a defender y explicar su fe en términos que fueran comprensibles tanto para los judíos como para los no judíos. Esto llevó a un énfasis en la apologética y la filosofía racionalista.

Tercera, la integración de la tradición y la razón: De manera similar a los filósofos cristianos, los pensadores judíos buscaban conciliar la fe y la tradición judía con la razón y la filosofía. Filósofos como Maimónides se esforzaron por armonizar la Torá y el Talmud con la filosofía aristotélica, por ejemplo.

Cuarta, la influencia del contexto social y político: Las variadas experiencias de los judíos en diferentes regiones (como el al-Ándalus islámico o la Europa cristiana) influenciaron sus perspectivas filosóficas. Por ejemplo, en al-Ándalus, los judíos estuvieron expuestos a un rico intercambio cultural y filosófico que fue menos prominente en regiones donde estaban más marginados.

Quinta, el desarrollo de la mística y la Cábala: En respuesta a su situación a menudo difícil y a la influencia del entorno cultural, se desarrolló una rica tradición de mística judía, conocida como la Cábala. Esta buscaba entender y experimentar a Dios de una manera más directa y personal, y se convirtió en una influencia significativa en el pensamiento judío.

Y sexta, la preservación y transmisión del conocimiento: Los judíos jugaron un papel crucial en la preservación y transmisión de conocimientos antiguos y contemporáneos, actuando como intermediarios entre distintas culturas. Tradujeron obras de filósofos griegos, árabes y latinos, y contribuyeron al avance del conocimiento en campos como la medicina, la astronomía y la filosofía.

Vemos así que los pensadores judíos del periodo medieval participaron activamente en el marco conceptual de su época, adaptándose a las circunstancias particulares de vivir como minoría, interactuando con múltiples culturas y tradiciones intelectuales, y buscando armonizar su fe y tradiciones con la filosofía y el conocimiento secular. Su contribución fue vital en el desarrollo del pensamiento medieval y en la transición hacia el Renacimiento.

EL LEGADO IMPERECEDERO DE MAIMÓNIDES: UNA LUZ EN LA HISTORIA DEL PENSAMIENTO Y DEL JUDAÍSMO

En la actualidad, el pensamiento de Maimónides sigue siendo una fuente vital de inspiración y análisis. Su enfoque racionalista y su metodología en la interpretación de textos religiosos continúan siendo relevantes en un mundo donde la fe y la razón a menudo parecen estar en conflicto. Su insistencia en la comprensión lógica y la explicación razonada de los conceptos religiosos ofrece un marco valioso para el diálogo interreligioso y la búsqueda de entendimiento mutuo en una era de diversidad y pluralismo.

Maimónides se convirtió en un símbolo de la búsqueda incansable del conocimiento y la comprensión. Su vida y obra son ejemplos luminosos de cómo el aprendizaje y la sabiduría pueden servir como faros en tiempos de turbulencia y cambio. En un mundo en constante evolución, la figura de Maimónides nos recuerda la importancia de mantener una mente abierta y un espíritu inquisitivo, anhelando siempre el avance del entendimiento humano.

Sello conmemorativo de Maimónides. [Sergey Goryachev]

El legado de Maimónides, por lo tanto, es mucho más que la suma de sus escritos y enseñanzas. Es un testimonio viviente de la capacidad del pensamiento humano para trascender las barreras del tiempo, la cultura y la religión. Como médico, filósofo, y teólogo, Maimónides representa el ideal del sabio que busca la verdad en todas sus formas. Su vida y obra continúan inspirando a aquellos que buscan la sabiduría y la comprensión, haciéndolo no solo un gigante del pasado, sino también una guía relevante para el presente y el futuro. En la historia del pensamiento y del judaísmo, Maimónides permanece como una estrella brillante, cuyo resplandor no muestra signos de disminuir.

El legado de Maimónides se proyecta poderosamente en el presente, iluminando el camino hacia un entendimiento más profundo de la relación entre fe y razón. Como médico, aportó visiones avanzadas sobre la salud y la prevención, mientras que, como filósofo, su pensamiento racionalista allanó el camino para el desarrollo de la lógica y la ética. Su influencia se extiende más allá de las barreras religiosas, inspirando a pensadores, médicos y académicos de diversas disciplinas. Maimónides no solo abogó por el equilibrio entre la observancia religiosa y la comprensión racional, sino que también destacó por su compromiso con la justicia y la compasión, principios que siguen siendo relevantes en los debates contemporáneos sobre ética y moralidad.

Su obra *Guía de perplejos* sigue siendo un recurso crucial para aquellos que buscan reconciliar las enseñanzas religiosas con las preguntas filosóficas modernas, ofreciendo un análisis detallado que desafía a los lectores a explorar profundamente su propia fe y creencias. Maimónides no solo fue un erudito de su tiempo, sino un visionario cuyo pensamiento trasciende las épocas, proporcionando herramientas intelectuales para abordar dilemas éticos y existenciales actuales.

En la educación judía, Maimónides es reverenciado como un modelo a seguir, alguien cuya dedicación al estudio y la práctica religiosa sigue motivando a las generaciones actuales.

Sus enseñanzas sobre la caridad y la responsabilidad social han influenciado las prácticas comunitarias y filantrópicas en el judaísmo y más allá. Su enfoque en la interpretación racional de los textos sagrados continúa guiando a los estudiantes de la Torá y el Talmud, enfatizando la importancia del análisis crítico y la discusión abierta.

Maimónides sigue siendo una figura central en el diálogo interreligioso, representando un puente entre las tradiciones judías, islámicas y cristianas. Su vida y obra demuestran que el conocimiento y la comprensión pueden florecer en un entorno de respeto y cooperación entre diversas culturas y creencias. Maimónides no es solo una figura histórica de gran importancia, es un faro perpetuo cuya sabiduría sigue iluminando el camino en la búsqueda continua de conocimiento, comprensión y armonía entre las diversas facetas de la experiencia humana.

Maimonides en el edificio de la Facultad de
Medicina de París. [Zvonimir Atletic]

Principales obras de Maimónides

Maimónides fue una auténtica alfaguara intelectual. La tradición ha mantenido íntegras gran parte de sus obras que podemos dividir en las cuatro temáticas principales de las que se ocupó. Maimónides redactó sus obras en árabe, aunque escribiendo con caracteres hebreos. En hebreo redactó la *Mishné Torá* y la mayor parte de sus cartas y sus *responsa* (dictámenes rabínicos de carácter jurídico y religioso)

OBRAS FILOSÓFICAS

Tratado del arte de la lógica (1158)
Sobre la conversión forzada o *Sobre la santificación de Dios* (1160)
Epístola del Yemen (1172)
Guía de perplejos (1191)
Tratado sobre la resurrección de los muertos (1191)
Tratado de la unidad de Dios
Sobre la felicidad (atribuido a Maimónides)

OBRAS RABÍNICAS

El Luminar o *Comentario de la Mishná* (1168)

Mishné Torá o *Segunda Ley* o también *Repetición de la Ley* (1178/1180)
Libro de los preceptos
Trece principios
Ocho capítulos o *Libro del alma*

OBRAS MÉDICAS

Aforismos médicos de Moisés (1187-1190)
Tratado sobre el asma (1190)
Sobre el coito (antes de 1191)
El régimen de la salud o *Guía de la buena salud* o también *Sobre higiene* (1198)
Sobre los venenos y sus antídotos (1198)
Explicación de las particularidades (de los accidentes) (1200)
Sobre las hemorroides o *Curación de las hemorroides*
Comentario de los aforismos de Hipócrates
El arte de la curación o *Compendio de los libros de Galeno*

OBRAS ASTRONÓMICAS

Tratado sobre el calendario judío (1158)
Reglas de la consagración de la neomenia (antes de 1180)
Carta a los rabinos de Marsella sobre la astrología (1194)

Glosario

Al-Farabi

Al-Farabi, cuyo nombre completo era Abu Nasr Muhammad al-Farabi (c. 872-950), fue un polímata, filósofo, músico y científico musulmán que vivió en la región que actualmente corresponde a Kazajistán o Turkmenistán, en todo caso tenía un origen centroasiático. Al-Farabi es conocido por sus contribuciones significativas a la filosofía, la música, la ética, la política y la ciencia en el mundo islámico medieval.

Al-Farabi fue un destacado filósofo islámico que se basó en las obras de filósofos griegos como Aristóteles y Platón. Es conocido por sus comentarios y tratados filosóficos que trataron temas como la ética, la política, la lógica y la metafísica. Intentó armonizar la filosofía clásica griega con la filosofía islámica y se le considera uno de los fundadores de la filosofía política islámica. También hizo contribuciones significativas al campo de la música. Escribió tratados sobre teoría musical y fue uno de los primeros en abordar la relación entre la música y las matemáticas. Su trabajo influyó en la teoría musical posterior en el mundo islámico y europeo.

Al-Farabi es famoso por su obra *Al-Madina al-Fadila* (*La ciudad virtuosa*), en la que describe una ciudad ideal basada en la justicia y la sabiduría. Su obra política influyó en el pensamiento político islámico y fue precursora de la obra de filósofos posteriores como Ibn Sina (Avicena) y Averroes. También contribuyó a campos como la astronomía y la matemática, aunque sus contribuciones en estos campos son menos conocidas que sus logros filosóficos y musicales.

Al-Farabi es considerado uno de los grandes intelectuales de la Edad de Oro del Islam y su legado en la filosofía y la cultura islámica perdura hasta el día de hoy. Sus obras y enseñanzas influyeron en una amplia gama de disciplinas y tuvieron un impacto significativo en la filosofía y la ciencia medieval tanto en el mundo islámico como en Europa.

ALMAGESTO

El *Almagesto* fue una obra matemática y astronómica escrita por el astrónomo y matemático griego Claudio Ptolomeo (c. 100-170 d. C.) en el siglo II d. C. Este libro tuvo un impacto duradero en la astronomía y la ciencia en la Antigüedad y la Edad Media. Compilaba y desarrollaba los conocimientos astronómicos griegos y babilónicos de la época. Esta obra consta de trece libros y se divide en dos partes principales:

Ptolomeo.

Astronomía matemática: Los primeros siete libros del *Almagesto* se centran en la astronomía matemática y la descripción del movimiento de los planetas y las estrellas. Ptolomeo desarrolla un modelo geocéntrico del sistema solar en el que la Tierra se encuentra en el centro y los planetas y el Sol se mueven en órbitas excéntricas y epiciclos.

Astronomía física: Los últimos seis libros tratan la astronomía física, incluyendo aspectos como la teoría de las mareas, el paralaje lunar y la determinación de la longitud del año. Estos libros se centran en las mediciones y observaciones astronómicas.

El *Almagesto* fue una obra influyente durante siglos y se convirtió en el texto estándar de astronomía en la Europa medieval y el mundo islámico. A pesar de que su modelo geocéntrico fue posteriormente reemplazado por el modelo heliocéntrico de Copérnico en el Renacimiento, el *Almagesto* sigue siendo una pieza importante en la historia de la astronomía y la ciencia antigua. Sus contribuciones en términos de observaciones y métodos matemáticos establecieron una base sólida para el estudio posterior de los cuerpos celestes.

ARISTÓTELES

Aristóteles, un filósofo griego de la Antigüedad, es una de las figuras más influyentes en la historia del pensamiento occidental. Su obra abarca una variedad de disciplinas, incluyendo lógica, metafísica, ética y biología. Maimónides, profundamente influenciado por Aristóteles, integró muchas de sus ideas filosóficas en su propio pensamiento. La metodología racional y el enfoque empírico de Aristóteles fueron fundamentales para el desarrollo del razonamiento lógico y científico en la obra de Maimónides.

ARISTOTELISMO NEOPLATÓNICO

El aristotelismo neoplatónico medieval es una corriente filosófica que combina elementos del pensamiento de Aristóteles y del neoplatonismo en la filosofía medieval europea. Esta corriente se desarrolló principalmente en la Edad Media, aproximadamente desde el siglo IX hasta el XV, y tuvo una influencia significativa en la filosofía y la teología de la época.

Esta corriente supuso un intento de síntesis de Aristóteles y Platón. Buscaba reconciliar las ideas de Aristóteles y Platón, dos filósofos clásicos cuyos sistemas filosóficos a menudo parecían estar en conflicto. A través de esta síntesis, se buscaba crear una visión unificada del mundo y de la realidad.

También planteó un cierto énfasis en la metafísica. El aristotelismo neoplatónico medieval se centraba en cuestiones metafísicas, como la naturaleza de la realidad, la existencia de Dios y la relación entre el mundo sensible y el mundo de las ideas o formas.

En el aristotelismo neoplatónico hubo una fuerte influencia de la filosofía árabe. Durante la Edad Media, muchas obras filosóficas griegas clásicas fueron transmitidas a Europa a través de las traducciones árabes. Esto incluyó las obras de Aristóteles y Platón, así como los comentarios neoplatónicos de filósofos como Plotino y Porfirio. Estos textos influyeron en el desarrollo del aristotelismo neoplatónico.

La importancia de la teología también fue una de sus características principales. La filosofía medieval estaba estrechamente relacionada con la teología cristiana, y el aristotelismo neoplatónico a menudo se utilizaba para abordar cuestiones teológicas, como la relación entre la razón y la fe, la naturaleza de Dios y la creación del mundo.

Filósofos como Agustín de Hipona, Boecio, Juan Escoto Eriúgena, santo Tomás de Aquino y Meister Eckhart son ejemplos de pensadores que contribuyeron al desarrollo del aristotelismo neoplatónico medieval.

El aristotelismo neoplatónico medieval representó un esfuerzo por integrar las ideas de Aristóteles y Platón en el contexto de la filosofía y la teología cristiana de la Edad Media. Fue una corriente filosófica influyente que contribuyó al pensamiento medieval y a la comprensión de cuestiones metafísicas y teológicas.

La Cábala, que es una forma de mística judía, ha fascinado tanto a estudiosos como a buscadores espirituales a lo largo de los siglos. Si bien su relación con Maimónides es compleja y a menudo indirecta, dado su enfoque racionalista y su escepticismo hacia el misticismo, la Cábala representa una faceta importante del pensamiento judío que merece ser explorada en un glosario relacionado con Maimónides.

La Cábala surge en la Europa medieval, alcanzando su apogeo en el siglo XVI. Aunque algunos de sus elementos pueden rastrearse hasta textos más antiguos como el *Sefer Yetzirah* (*Libro de la formación*) y el *Zohar* (*Libro del esplendor*), su desarrollo como un sistema coherente de pensamiento es más tardío. La Cábala se centró en interpretar los textos sagrados judíos de manera esotérica, buscando descubrir significados ocultos y místicos detrás del texto explícito.

La Cábala presenta una cosmología y teología complejas. Una de sus ideas centrales es la de las diez «sefirot», emanaciones o atributos a través de los cuales el Ein Sof (Infinito) se manifiesta y crea el universo. Estas sefirot se organizan en un árbol, conocido como el Árbol de la Vida, que representa la estructura del cosmos y el camino hacia la iluminación espiritual.

El *Zohar*, atribuido a Moisés de León en el siglo XIII, pero supuestamente basado en escritos del sabio talmúdico Shimon bar Yochai, es el texto más importante de la Cábala. Este libro ofrece una interpretación mística del Pentateuco y ha sido una fuente primordial de enseñanzas cabalísticas. A través de parábolas, alegorías y comentarios, el *Zohar* busca revelar los secretos divinos ocultos en la Torá. Sin embargo, es probable que el libro se escribiera mucho después de la muerte de Maimónides, por lo que no pudo ejercer influencia en él, salvo que se acepte la tradición judía que contaba que el texto del *Zohar* fue escrito en el siglo II por Rabí Shimon bar Yojai.

La práctica de la Cábala incluye la meditación en las letras y palabras de la Torá, la utilización de nombres divinos para fines místicos, y una variedad de rituales destinados a acercar al individuo a la experiencia directa de lo divino. Aunque la Cábala enfatiza el conocimiento esotérico, también promueve un fuerte compromiso ético y espiritual, alentando a sus seguidores a vivir de acuerdo con las leyes y valores judíos.

A lo largo de los siglos, la Cábala ha influido en muchas áreas del pensamiento y la práctica judíos. En la modernidad, ha sido reinterpretada y adaptada por diversas corrientes, desde el judaísmo ortodoxo hasta movimientos más nuevos y sincretistas. También ha despertado interés fuera del judaísmo, influyendo en la filosofía, el arte, y la psicología, entre otras áreas.

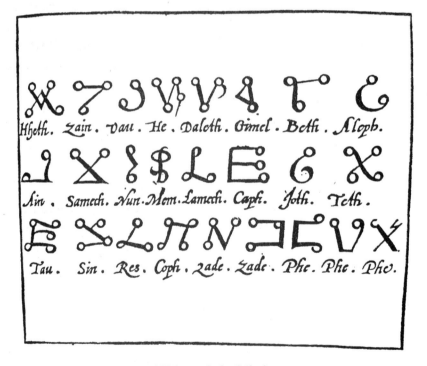

Alfabeto de la Cábala.

La relación entre la Cábala y Maimónides es, como se mencionó, indirecta. Maimónides, con su énfasis en la razón y el entendimiento claro de los textos, parece estar en desacuerdo con el enfoque místico y alegórico de la Cábala. Sin embargo, su obra ha sido estudiada y comentada por cabalistas, quienes a menudo han buscado reconciliar sus enseñanzas con las suyas propias.

La Cábala representa una dimensión profunda y compleja del judaísmo, ofreciendo una visión mística y esotérica que complementa otras formas de entender la fe judía. Aunque distinta del racionalismo de Maimónides, la Cábala sigue siendo una parte vital de la herencia judía, ofreciendo una vía única hacia la comprensión espiritual y la conexión con lo divino.

DIÁSPORA JUDÍA EN LA EDAD MEDIA

La diáspora judía se refiere al éxodo de los judíos fuera de la antigua Israel y Judea, incluyendo su desplazamiento tras la destrucción del Segundo Templo en Jerusalén en el 70 d. C. Este fenómeno condujo al establecimiento de comunidades judías en diversas partes del mundo. A lo largo de la historia, los judíos han mantenido una identidad cultural y religiosa común, a pesar de estar geográficamente dispersos. La diáspora ha tenido un impacto significativo en la formación de las tradiciones y prácticas judías.

Durante la Edad Media, los judíos se encontraban dispersos por Europa, el Medio Oriente y el norte de África, viviendo en comunidades que a menudo enfrentaban restricciones y persecuciones. Esta diáspora influyó en el desarrollo de variadas tradiciones judías y en la transmisión de conocimientos a través de diferentes culturas. La vida y obra de Maimónides, que vivió en España y Egipto, es un ejemplo destacado de cómo la diáspora judía contribuyó al intercambio cultural y al avance del conocimiento en la época medieval.

Epistemología

La epistemología es el estudio de la naturaleza y el alcance del conocimiento. Se trata de un tema central en la obra de Maimónides. Se interesó por cómo entendemos y conceptualizamos la verdad y el conocimiento. Su aproximación a este campo refleja una combinación de pensamiento judío, influencias aristotélicas y el contexto intelectual islámico de su tiempo, buscando una síntesis entre la fe y la razón.

Esoterismo judío

El término «esoterismo» se refiere a la creencia o la práctica de que el significado real y profundo de la Torá (los textos sagrados judíos) es más complejo y profundo de lo que parece a simple vista. Implica que hay un nivel de conocimiento o entendimiento oculto o reservado para un grupo selecto de individuos educados o iniciados, mientras que el significado superficial está disponible para un público más amplio.

En otras palabras, el esoterismo sugiere que el texto tiene un significado interior o secreto que solo es accesible para aquellos que han sido entrenados o tienen el conocimiento necesario para comprenderlo en su totalidad. Esta idea se contrasta con el significado exotérico o superficial que está al alcance de cualquier persona sin la necesidad de una formación especializada. El debate sobre el esoterismo implica la discusión sobre quién debería tener acceso al conocimiento profundo y quién no, y si este conocimiento más profundo es esencial para una comprensión completa de las Escrituras.

Ética

La ética es una rama de la filosofía que se enfoca en el estudio de los principios morales y los valores. Se ocupa de determinar lo que es bueno o malo, justo o injusto, y de establecer estándares de comportamiento aceptables para individuos y sociedades. La ética examina cuestiones sobre la moralidad, la virtud, la responsabilidad, la justicia y las normas éticas. Su objetivo es guiar la conducta humana y las decisiones, influenciando cómo las personas toman decisiones éticas en diferentes situaciones de la vida.

La ética en la obra de Maimónides refleja un enfoque que integra la ley judía (Halajá) y la filosofía moral. Consideró la ética como fundamental para vivir una vida en consonancia con la voluntad divina, enfatizando la importancia del desarrollo moral y la autorreflexión. Su perspectiva ética, arraigada en la tradición judía y enriquecida por el pensamiento filosófico, destaca el equilibrio entre la obligación religiosa y la razón.

FILOSOFÍA MEDIEVAL

La filosofía medieval, en la que Maimónides fue una figura clave, fue un período en el que se buscó reconciliar la fe religiosa con la razón y la filosofía. Caracterizada por un esfuerzo por comprender y explicar las enseñanzas religiosas a través de la lógica aristotélica y neoplatónica, la filosofía medieval abarcó una amplia gama de temas, desde la metafísica y la ética hasta la naturaleza del conocimiento y la existencia de Dios. Maimónides, con su enfoque racional y metódico, contribuyó significativamente a este campo, dejando un legado duradero en el pensamiento filosófico.

FUSTAT

Fustat, antigua ciudad cerca de El Cairo moderno, Egipto, fue el lugar donde Maimónides vivió y trabajó durante gran parte de su vida. Esta ciudad era un importante centro cultural y comercial, donde convergían diversas tradiciones religiosas y filosóficas. En Fustat, Maimónides compuso algunas de sus obras más significativas, incluyendo *Guía de perplejos* y parte de la *Mishné Torá*.

Guía de perplejos es una obra filosófica escrita por Maimónides, dirigida a aquellos que se encuentran en conflicto entre los conocimientos filosóficos y las enseñanzas religiosas. En ella, Maimónides aborda temas complejos como la naturaleza de Dios, el mal y la creación, utilizando un enfoque racional para interpretar las Escrituras. Esta obra no solo influyó profundamente en el pensamiento judío, sino también en la filosofía islámica y cristiana, convirtiéndose en un texto crucial en la historia de la filosofía medieval.

Halajá

La «Halajá» es el conjunto de leyes y normas religiosas judías que regulan la vida cotidiana y la conducta de los judíos de acuerdo con las enseñanzas de la Torá, la ley judía escrita, y la tradición oral. La palabra «Halajá» proviene de la raíz hebrea «halakh» que significa «caminar» o «ir», y denota el camino o el sendero que uno debe seguir. La Halajá abarca una amplia gama de asuntos, desde prácticas rituales y éticas hasta cuestiones legales y sociales.

La Halajá se basa en la Torá, que incluye el Pentateuco (los cinco primeros libros de la Biblia hebrea) y las enseñanzas posteriores de rabinos y sabios judíos. Estas enseñanzas se transmitieron a lo largo de generaciones en forma de tradición oral y se recopilaron en textos conocidos como el Talmud y otros comentarios y códigos legales. Los rabinos y expertos en la Halajá se dedican al estudio y la interpretación de estas leyes para aplicarlas a situaciones contemporáneas.

La Halajá abarca una amplia gama de áreas de la vida, como las prácticas religiosas (como las leyes del Shabat y las festividades judías), las leyes dietéticas (kashrut), las relaciones familiares, las cuestiones éticas, las leyes de propiedad, las transacciones comerciales y muchas otras. Los rabinos y líderes religiosos judíos desempeñan un papel central en la interpretación y la aplicación de la Halajá en la vida diaria de la comunidad judía.

Es importante destacar que la Halajá puede variar según la corriente del judaísmo a la que uno pertenezca. Las principales corrientes del judaísmo, como el judaísmo ortodoxo, el judaísmo conservador, el judaísmo reformista y otros, pueden interpretar y aplicar la Halajá de manera diferente, lo que ha llevado a diferencias en la observancia y la práctica religiosa entre estas corrientes.

JUDAÍSMO

El judaísmo, la religión y cultura en la que Maimónides estaba profundamente arraigado, es una de las religiones monoteístas más antiguas del mundo, centrada en las enseñanzas del Tanaj o Antiguo Testamento. Es una fe que pone énfasis en la práctica, la ley y el estudio, y su interpretación y aplicación han evolucionado a lo largo de los siglos. Maimónides, siendo un erudito judío, contribuyó significativamente a la interpretación y comprensión de la ley judía, influyendo en su desarrollo a través de sus escritos y enseñanzas.

JUDAÍSMO RABÍNICO

El judaísmo rabínico es la forma predominante del judaísmo que se desarrolló después de la destrucción del Segundo Templo de Jerusalén en el año 70 d. C. y se basa en la autoridad de los rabinos y sus enseñanzas. Esta forma de judaísmo se caracteriza por la centralidad de la interpretación y la aplicación de la ley judía (halajá) a la vida cotidiana, así como por la importancia del estudio religioso y la tradición oral.

Algunos de los elementos clave del judaísmo rabínico son los siguientes:

La Mishná: La Mishná es una compilación de la ley judía oral que fue redactada en el siglo II d. C. por el rabino Yehudá Hanasí. Contiene una organización sistemática de las leyes y tradiciones judías y sirve como base para la interpretación legal en el judaísmo rabínico.

El Talmud (véase la entrada en este glosario): El Talmud, que consta del Talmud de Jerusalén (Yerushalmi) y el Talmud de Babilonia (Bavli), es una obra extensa que contiene debates, discusiones y comentarios sobre la Mishná y otros temas judíos. Los rabinos y sabios judíos posteriores aportaron sus opiniones y análisis al Talmud, que se convirtió en una fuente esencial de estudio y referencia.

La sinagoga: El lugar de adoración y estudio en el judaísmo rabínico es la sinagoga, donde se reúnen los judíos para la oración, el estudio de las Escrituras y la enseñanza religiosa.

La autoridad rabínica: En el judaísmo rabínico, los rabinos desempeñan un papel central como intérpretes y maestros de la ley judía. Se espera que los rabinos tengan un profundo conocimiento de la halajá y guíen a la comunidad judía en asuntos religiosos y éticos.

El estudio de la Torá: El estudio de la Torá, tanto la Torá escrita (los cinco libros de Moisés) como la Torá oral (que incluye la Mishná y el Talmud), es fundamental en el judaísmo rabínico. Se enfatiza el aprendizaje continuo y el compromiso con el conocimiento religioso.

La tradición oral: La tradición oral desempeña un papel importante en la interpretación de la ley judía y las costumbres. Esta tradición se transmite de generación en generación a través del estudio y la enseñanza.

El judaísmo rabínico ha evolucionado a lo largo de los siglos y ha desarrollado diversas corrientes y escuelas de pensamiento, incluyendo el judaísmo ortodoxo, el judaísmo conservador y el judaísmo reformista, entre otros. A pesar de estas diferencias, todos comparten una base común en la tradición rabínica y la interpretación de la ley judía.

Medicina en la Edad Media

En la Edad Media, la medicina estaba en una etapa de desarrollo y transición, influenciada por conocimientos antiguos y nuevas prácticas. Los médicos medievales, incluido Maimónides, se basaban en textos clásicos de la Antigüedad grecolatina, como los trabajos de Hipócrates y Galeno, y también en conocimientos del mundo islámico. La medicina en esta época se enfocaba tanto en la teoría como en la práctica clínica, y se practicaba en variados entornos, desde hospitales hasta cortes reales. Maimónides, notablemente, integró estas influencias en su práctica y escritos médicos, destacando por su enfoque holístico y preventivo en la medicina.

Merkaba

La *merkaba* es una antigua tradición de literatura mística judía que tiene su origen en el libro bíblico de Ezequiel, específicamente en el primer capítulo. En este pasaje, Ezequiel describe una visión en la que observa un majestuoso trono con ruedas, que algunos intérpretes han asociado con la palabra hebrea *merkaba*, que significa «carro». Esta visión es considerada como una manifestación de la presencia divina.

La tradición de la *merkaba* se desarrolló posteriormente en la literatura mística judía, donde se exploraron temas relacionados con la contemplación mística, la ascensión espiritual y la conexión con lo divino. En algunos textos místicos, la *merkaba* es descrita como un vehículo celestial que permite la unión del individuo con lo sagrado y con la visión directa de la realidad divina.

Mesianismo judío

El mesianismo judío se refiere a la creencia en la llegada de un Mesías (ungido en hebreo), una figura salvadora prometida en los textos judíos que liderará a la humanidad hacia una era de paz y justicia. Esta creencia se basa en profecías del Tanaj, especialmente en los libros de Isaías, Ezequiel y Daniel, entre otros. El concepto mesiánico en el judaísmo varía, pero comúnmente se espera que el Mesías sea un descendiente del rey David, que reunirá al pueblo judío, reconstruirá el Templo de Jerusalén y establecerá el Reino de Dios en la Tierra. A diferencia del cristianismo, el mesianismo judío no concibe al Mesías como una figura divina, sino como un líder humano inspirado por Dios. La espera del Mesías ha tenido un impacto significativo en la historia y la cultura judías, influenciando movimientos religiosos y políticos a lo largo de los siglos.

METAFÍSICA

La metafísica es una rama de la filosofía que se ocupa de cuestiones fundamentales relacionadas con la naturaleza de la realidad, la existencia y el universo. Explora conceptos como ser, tiempo, espacio, causa y efecto, y la relación entre mente y materia. Además, la metafísica trata de entender la naturaleza de lo que es «real», a menudo abordando preguntas que van más allá del alcance de la ciencia empírica. Se considera una de las disciplinas filosóficas más abstractas y teóricas. Tradicionalmente se solía explicar que la metafísica se ocupaba de dios, el alma y el mundo. Ahí queda eso.

En la metafísica, Maimónides exploró temas como la existencia de Dios, la naturaleza del ser y el universo. Influenciado por Aristóteles y el pensamiento islámico, buscó reconciliar la teología judía con la filosofía racional. Sus reflexiones sobre la metafísica tuvieron un impacto significativo en el pensamiento judío y filosófico posterior.

MISHNÁ

La Mishná es una de las obras fundamentales del judaísmo rabínico y representa la primera recopilación escrita de la ley oral judía. Compuesta en hebreo, fue redactada por el rabino Judá Hanasí (o Judá el Príncipe) alrededor del año 200 d. C. en Galilea, tras la destrucción del Segundo Templo y la dispersión del pueblo judío. La Mishná forma parte del Talmud y se organiza en seis órdenes (*sedarim*), que a su vez se dividen en tratados (*masejtot*). Estos tratados cubren diversos aspectos de la vida judía, incluyendo leyes sobre oraciones, festividades, matrimonio, negocios, alimentación y justicia. La Mishná es esencial para entender el desarrollo del pensamiento y la práctica judía y sirve como base para posteriores debates y comentarios rabínicos en el Talmud. Su creación marcó un punto de inflexión en la historia judía, asegurando la preservación y transmisión de las tradiciones orales y las enseñanzas rabínicas a través de los siglos.

MISHNÉ TORÁ

La *Mishné Torá* es un compendio exhaustivo de la ley judía (Halajá) escrito por Maimónides. Este trabajo monumental, único en su tipo, sistematiza toda la ley judía, incluyendo áreas que no estaban en práctica en su tiempo, como las leyes del Templo en Jerusalén. La obra se destaca por su claridad y organización, proporcionando un acceso fácil a la compleja legislación judía. Ha sido una fuente fundamental para el estudio y la práctica del judaísmo desde su publicación.

RABINO

Un rabino es una figura de autoridad religiosa y espiritual dentro de la comunidad judía. Tradicionalmente, los rabinos son eruditos y maestros de la Torá y del Talmud, y están encargados de interpretar la ley y la ética judías. La palabra «rabino» proviene del hebreo *rav*, que significa «maestro» o «gran [en conocimiento]». Aunque originalmente la función del rabino estaba centrada en la enseñanza y la interpretación legal, su rol ha evolucionado para incluir también el liderazgo espiritual y comunitario, la orientación pastoral, y a menudo la conducción de servicios religiosos. Para convertirse en rabino, una persona debe completar un extenso estudio de textos judíos y recibir la *smijá*, una ordenación que lo autoriza a ejercer como autoridad rabínica. En diferentes corrientes del judaísmo, como el ortodoxo, el conservador, el reformista y otros, el papel y la formación del rabino pueden variar significativamente.

RAMBAM

El acrónimo de Rabbi Mosheh Ben Maimon, el nombre hebreo de Maimónides.

La teología negativa, también conocida como apofática o teología de la negación, es una corriente de pensamiento teológico y filosófico que se centra en describir a Dios mediante la negación o la eliminación de atributos humanos o conceptos finitos. En lugar de intentar definir positivamente lo que Dios es, la teología negativa se enfoca en lo que Dios no es y en la trascendencia absoluta de Dios más allá de cualquier categoría o concepto humanos.

Algunas de las principales características de la teología negativa son:

Reconocimiento de la limitación humana: La teología negativa parte de la premisa de que los seres humanos son inherentemente limitados en su comprensión y capacidad para conocer a Dios. Por lo tanto, cualquier intento de definir o conceptualizar a Dios a través de categorías humanas es inherentemente insuficiente y limitado.

Énfasis en la inefabilidad: Se enfatiza la inefabilidad de Dios, lo que significa que Dios es en última instancia indescriptible e incomprensible para la mente humana. Los teólogos negativos argumentan que Dios trasciende completamente cualquier concepto o lenguaje humano.

Uso de la negación: En lugar de afirmar lo que Dios es, la teología negativa utiliza la negación para describir a Dios. Por ejemplo, se dice que Dios es «infinito» en lugar de «finido», «inmutable» en lugar de «cambiante» e «incorpóreo» en lugar de «con cuerpo».

Inspiración en la mística: La teología negativa a menudo está vinculada a experiencias místicas en las que los individuos sienten una conexión directa con lo divino. Los místicos a menudo recurren a la teología negativa para expresar la incapacidad de describir plenamente sus experiencias con palabras.

Herencia de la filosofía neoplatónica: La teología negativa tiene raíces en la filosofía neoplatónica, que también enfatiza la trascendencia y la inefabilidad del Uno o lo divino supremo.

Un ejemplo clásico de la teología negativa se encuentra en las obras de filósofos y teólogos como Plotino, Pseudo-Dionisio Areopagita, Maimónides y Eckhart von Hochheim (Meister Eckhart), entre otros.

La teología negativa es una corriente de pensamiento teológico que se enfoca en la trascendencia de Dios y utiliza la negación para describir a Dios más allá de cualquier comprensión o categorización humanas.

Talmud

El Talmud es una obra central en la literatura y tradición judía que consta de dos partes principales: el Talmud de Jerusalén (Yerushalmi) y el Talmud de Babilonia (Bavli). Estas dos obras son colecciones de comentarios y discusiones sobre la Mishná, que a su vez es una compilación de la ley judía oral.

Talmud de Jerusalén (Yerushalmi): También conocido como el Talmud de Palestina, fue compilado en la antigua provincia romana de Judea, específicamente en la ciudad de Tiberíades, y finalizado en el siglo IV o V de nuestra era. El Talmud de Jerusalén es más conciso que el Talmud de Babilonia y se centra en discusiones legales basadas en la Mishná, así como en la ética y la agadá (historias y enseñanzas no legales).

Talmud de Babilonia (Bavli): Es la versión más amplia y conocida del Talmud. Fue compilado en Babilonia (lo que hoy es Irak) durante varios siglos, desde el siglo III hasta el VI aproximadamente. El Talmud de Babilonia es más completo y contiene una amplia gama de discusiones legales y comentarios sobre la Mishná. Es la versión que generalmente se estudia y se refiere como «el Talmud» en la tradición judía.

El Talmud es una obra de gran importancia para el judaísmo rabínico y se utiliza para el estudio y la interpretación de la ley judía (Halajá). Contiene debates y opiniones de rabinos y sabios judíos sobre una amplia variedad de temas, desde asuntos legales y rituales hasta cuestiones éticas y filosóficas. El estudio del Talmud es una parte fundamental de la educación religiosa y académica en la tradición judía y ha tenido una influencia significativa en el pensamiento y la cultura judíos a lo largo de la historia.

Una pregunta acerca del Talmud, de Carl Schleicher, óleo sobre lienzo, c. 1860-71.1. [Colección privada]

Teología judía

La teología judía se centra en el estudio y comprensión de las creencias y prácticas del judaísmo. Durante la Edad Media, esta se caracterizaba por una rica interpretación de textos sagrados como la Torá y el Talmud. Maimónides, como teólogo judío, aportó significativamente a la teología con su obra, proporcionando interpretaciones sistemáticas y racionalistas de la ley y la ética judías. Su enfoque en la racionalidad y su intento de conciliar la fe con la filosofía tuvieron un impacto duradero en el pensamiento judío y en la teología general.

TORÁ

La Torá es la parte más sagrada y fundamental de las Escrituras judías. Se compone de los cinco primeros libros de la Biblia hebrea o el Antiguo Testamento de la Biblia cristiana. Estos cinco libros son:

Génesis (Bereshit en hebreo): Génesis narra la creación del mundo, la historia de los patriarcas como Abraham, Isaac y Jacob, y la llegada de los hijos de Jacob a Egipto.

Éxodo (Shemot en hebreo): Éxodo relata la liberación de los israelitas de la esclavitud en Egipto bajo la dirección de Moisés, la entrega de los Diez Mandamientos en el Monte Sinaí y la construcción del Tabernáculo.

Levítico (Vayikrá en hebreo): Levítico contiene leyes y reglas detalladas relacionadas con el culto religioso, las ofrendas y sacrificios, así como las leyes de pureza y santidad.

Números (Bemidbar en hebreo): Números registra los eventos y la travesía de los israelitas por el desierto, incluyendo el censo de la población y varias rebeliones.

Deuteronomio (Devarim en hebreo): Deuteronomio consiste en discursos de Moisés a los israelitas antes de entrar en la tierra prometida, que incluyen una recapitulación de las leyes y una exhortación a obedecerlas.

La Torá es considerada la base de la ley y la enseñanza judía y es fundamental para la vida religiosa y ética de los judíos. Es leída y estudiada regularmente en la sinagoga y en la educación judía. Además, es vista como una revelación divina a Moisés en el Monte Sinaí y representa el pacto entre Dios y el pueblo de Israel.

Junto con la Torá escrita (los cinco libros mencionados), el judaísmo también incluye la Torá oral, que es una tradición de interpretaciones y explicaciones transmitidas de generación en generación y registradas en el Talmud y otros textos rabínicos. En conjunto, la Torá escrita y la Torá oral constituyen la base de la ley y la enseñanza judía.

Bibliografía recomendada

Gerrit Bos (editor). *Maimonides' on coitus*, Leiden, Brill, 2018.

María José Cano y Dolores Ferre (editoras). *Cinco epístolas de Maimónides*, Barcelona, Riopiedras ediciones, 1988.

José Luis Cantón Alonso (editor). *Maimónides y el pensamiento medieval. Actas del IV Congreso Nacional de Filosofía Medieval*, Servicio de publicaciones de la Universidad de Córdoba, 2007.

Jaime Cerda. «Moisés Maimónides, "médico de príncipes, príncipe de los médicos"», *Revista chilena de infectología*, vol. 26, núm. 4, 2009, pp. 370-373.

Herbert Davidson. *Moses Maimonides the man and his works*, Nueva York, Oxford University Press, 2005.

Lola Ferre (editora y traductora). *Maimónides. Obras médicas* (4 tomos), Córdoba, El Almendro, 1991.

Amos Funkenstein. *Maimónides*, Buenos Aires, Prometeo libros, 2012.

David Gonzalo Maeso (editor). *Guía de perplejos*, Madrid, Trotta, 2015.

Moshe Halbertal. *Maimonides. Life and thought*, Princeton University Press, 2013.

Sara Klein-Braslavy. *Maimonides as biblical interpreter*, Boston,

Academic Studies Press, 2011.

Joel L. Kraemer. *Maimónides*, Barcelona, Editorial Kairós, 2010.

Howard Kreisel. *Judaism as philosophy: studies in Maimonides and the medieval Jewish philosophers of Provence*, Boston, Academic Studies Press, 2015.

Oliver Leaman. *Moses Maimonides*, Londres, Routledge, 1990.

Leibniz. *Antología de la guía de Maimónides por Leibniz*, (Walter Hilliger y Lloyd Strickland, editores), Le Cercle Hilliger, 2022.

Dan Magrill y Prabhu Sekaran. «Maimonides: an early but accurate view on the treatment of haemorrhoids», en *Postgraduate Medical Journal*, vol. 83, 2007, pp. 352-354.

Esther Molina Olivencia. *Maimónides*, Barcelona, Editorial RBA, 2017.

Jesús Peláez del Rosal (editor). *Sobre la vida y obra de Maimónides: I Congreso Internacional*, Córdoba, Almendro, 1991.

Jesús Peláez del Rosal. *Los orígenes del pueblo hebreo*, Barcelona, Herder, 2018.

Tamar Rudavsky. *Maimonides*, Malden (MA), Wiley-Blackwell, 2010.

Joseph Stern. *The matter and form of Maimonides' guide*, Cambridge (MA), Harvard University Press, 2013.

WEBGRAFÍA

Biblioteca Sefarad, «Maimónides».

https://www.bibliothecasefarad.com/temas/maimonides/

Jonathan Jacobs, «Maimonides», *Internet Encyclopedia of Philosophy*, 2023.

https://iep.utm.edu/maimonid/

Kenneth Seeskin, «Maimonides», The Stanford Encyclopedia of Philosophy, 2021, Edward N. Zalta (ed.).

https://plato.stanford.edu/archives/spr2021/entries/maimonides/